I0842552

Hypnose Globale : Routines pour sessions d'hypnose

Tome 1

Christophe Pank

ISBN # : 978-1987604795

Table des matières

Du même Auteur Chez HnO Edition

1/ *Initiation à l'Hypnose Classique Curative (Oct-2012)*
2/ *Méthode d'Auto Hypnose (Nov-2012)*
3/ *Hypnose et Régressions (Janv-2013)*
4/ *Initiation à l'Hypnose Urbaine (Dec-2012)*
5/*L'ésotérisme décrypté par l'Hypnose (Avr-2013)*
6/ *Hypnose avec les Enfants (Mai-2013)*
7/ *Mieux éduquer ses enfants grâce aux outils de l'Hypnose (Juin-2013)*
8/ *CrossTherapy (Oct-2013)*
9/ *Mes Premiers pas sur la loi d'attraction (2013)*
10/ *Hypnose H-Ultra Ou Hypnose Profonde (Nov-2013)*
11/ *Laboratoire Hypnose Volume 1 (Oct-2013)*
12/ *CT Energetics : Magnétisme et Transes (Janv-2014)*
13/ *Chercheur sur la Loi d'Attraction (Janv-2014)*
14/ *Hypnose et Hypnosophie (Avr-2014)*
15/ *Apprendre le système TPA (Mai-2014)*
16/ *Hypnose et Posture du Praticien (Juil-2014)*
17/ *Hypnose et la Pre-test Therapie (Oct-2014)*
18/ *Base de PNL Interpersonnelle (Nov-2014)*
19/ *Base de la PnL Coaching (Fev-2015)*
20/ *Périple d'un Praticien d'Hypnose contre le Cancer (Fev-2015)*
21/ *Manuel de Formation à l'Auto Amour (Avr-2015)*
22/ *Hypnose et Douleur (Juil-2015)*
23/ *Cette Hypnose Ascendante nommée Hyperempiria (Sept-2015)*
24/ *Hypnose Elmanienne (Nov-2015)*
25/ *Questiosophie (Fev-2016)*
26/ *Crépuscule de l'Hypnose (Avril-2016)*
27/ *Pouvoir Limité (Mai-2016)*
28/ *Hypnose Spirituelle (Août-2016)*
29/ *Hypnose Invisible (Oct-2016)*
30/ *Hypnose et Anneau gastrique hypnotique (Janv-2017)*
31/ *Hypnose : Ses premiers pas comme praticien (Avr- 2017)*

32/ Hyperempiria et Maitrise de soi (Juil-2017)
33/ Hypnose et Manipulation (Aout-2017)
34/ Manuel Auto-Coaching / Méthode EVAF (Oct-2017)
35/ Hypnose et Manipulation (Dec-2017)
36/ Le Pouvoir du Loozer (Fev-2018)*

Disponible en Anglais :

37/ My first steps on the Law of Attraction (Feb 2013)
38/ Hypnosis and Pain Management :The study of the Hypno-Analgesia Process (Jul 2015)
39/ Limited Power : Accepting our own limits is to open up our real potential (May 2016)
40/ Hyperempiria and Self-Mastery
41/ Hypnotic Gastric Band (Sept-2017)
42/ Easy tools of Self Hypnosis

Introduction

L'hypnose est une discipline extraordinaire. Elle nous permet de travailler sur de nombreux sujets et nous ouvre des perspectives incroyables. L'hypnose n'est pas magique, même si parfois nous aimons à le croire, autant en tant que praticien que de partenaire. Nous avons tous en tête, l'image que quelques mots, bien spécifiques, prononcés avec une voix spécifique, fonctionneraient comme une formule magique ?

Dans les premiers temps de notre pratique, nous cherchons les grimoires anciens, ceux de Milton E, de Richard B, de David E…Nous pensons que nous pourrons trouver des recettes qui fonctionneront facilement sur nos partenaires. Dans cette quête, nous allons chercher des scripts, des protocoles. Pour ceux qui suivent mon travail, vous savez que je ne crois pas à ces routines dans le cadre d'une session en cabinet. Nous sommes dans une démarche qui va au-delà des mots, des images et des métaphores. Nous développons ce qu'il faut à l'instant T et plus encore, pour la même problématique, nous avons une infinité de possibilités, de comparaisons, de verbes et de suggestions possibles.

Cet ouvrage fait suite à de nombreuses demandes de praticiens qui me demandent ce qu'ils doivent faire dans tel ou tel cas. Non pas pour le lire mot à mot mais pour avoir une orientation dans la démarche qui sera mise en place en cabinet.

J'ai donc retranscrit les audios que je propose sur www.hno-mp3-hypnose.com. J'ai la chance d'avoir eu plus de 1,2 millions de visites depuis 2012 et un nombre exceptionnel de téléchargements. J'ai pris 20 routines qui ont fait leurs preuves, dans un contexte hors session en cabinet.

L'idée est de vous proposer une orientation pour ce que vous allez mettre en place quand vous serez face à vos partenaires.

A vous d'étudier et de prendre en compte les idées clefs. Surtout ne croyez pas à l'idée sur les mots 'parfaitement' pensés dans un script que vous devez absolument prononcer. Vous n'êtes pas des mages mais des praticiens passionnés et désireux de réussir dans vos sessions. Faites-vous confiance !! Vous pourrez trouver des rythmes, des images et des métaphores, des suggestions directes.

Les routines ne sont pas faites pour de longues phases en ritualisé. En général, vous constaterez que mes audios durent 10 minutes. C'est en somme, le temps que je passe avec mes partenaires en phase rituelle dans mes sessions du quotidien. Vous pouvez, en fonction de votre école, faire une induction instantanée, rapide ou relaxante puis orienter avec des idées qui vous sont venues dans votre questiosophie/anamnèse et des directions de ces routines.

Vous avez priorité à ce que vous mettez en place dans l'instant, par rapport à toutes les théories sur papier.

Et si vous ne parvenez pas à des résultats, reprenez vos bases, peut-être êtes-vous passé à côté d'une idée, posez de nouveau des questions, partez sur des suggestions simples, des régressions et vous trouverez ce qui est le mieux pour votre partenaire.

1/ Routine pour transmuter le rejet / Méthode de l'arbre

Cette routine a pour but d'aider les personnes qui sont atteintes d'un certain sentiment de rejet.

Prenez une grande inspiration et pendant quelques instants fermez vos yeux. Vous allez simplement vous reconnecter à vous-même. Vous reconnecter à vos racines, votre source. Vous allez pouvoir imaginer que vous êtes un peu comme un grand arbre. Un arbre avec des racines profondes qui, peut-être a pu se sentir malmené depuis quelques semaines, quelques mois, quelques années, par des proches, par peut-être des personnes aimées et que, peut-être, depuis tout ce temps-là, vous avez même l'impression d'avoir été déraciné, emporté au loin comme si on avait repoussé, rejeté qui vous êtes.

Alors pendant ces quelques instants, ces quelques minutes, vous allez juste retourner au plus proche de votre source, de votre racine, de vos racines. Je vais décompter de dix à un et entre chaque chiffre, vous allez imaginer que vous êtes en train de redescendre en vous, à l'intérieur de vous dans cette immense puissance que vous avez, dans cette symbolique de l'arbre que vous êtes. Imaginez simplement d'être un arbre fort, puissant, avec de grandes branches, avec beaucoup de feuilles. Imaginez que vous êtes vraiment enraciné quoi qu'il arrive. Cet arbre est là depuis des décennies, peut-être même des siècles.

Qu'importe que depuis quelques semaines, quelques mois, quelques années, vous ayez cette sensation d'être repoussé, d'être rejeté, un petit peu comme si un vent adverse était en train de continuellement venir se percuter contre vous, vous laissant cette sensation désagréable de ne plus être accepté comme vous êtes, dans votre grandeur, dans votre immensité, dans vos qualités comme dans vos défauts, juste rejeté parce que vous ne convenez plus, ou que l'autre, les autres, ont d'autres attentes, d'autres envies, d'autres besoins. Pourtant vous êtes vous-même ce grand arbre, vous êtes cet arbre puissant et simplement, connectez-vous à ce symbole, cette image, cette force qui est en vous et, même les personnes qui se sentent aujourd'hui de plus en plus démunies ou des personnes qui ont l'impression d'avoir vécu la pire des tempêtes, vous êtes encore debout.

Alors simplement respirez profondément et entre chaque chiffre, connectez-vous à votre arbre intérieur. Dix, neuf, huit, respirez simplement, tout ce fait naturellement, un rythme simple et naturel. Sept, six, cinq, à un, vous serez complètement, totalement connecté à cette force, cette énergie, ce vous, qui au bout du compte est prêt à vous accueillir. Quatre, trois, deux, respirez profondément, un, très bien, là maintenant, imaginez que vous êtes cet arbre. Vous ressentez toute cette énergie de la terre. Cette énergie puissante qui remonte le long de vos jambes et vous ressentez cette connexion à ce tout, à cet univers, à ce soleil, à cette force, à ce ciel et, simplement vous accueillir, parce que, même si vous vous êtes senti rejeté, peut-être que ces personnes ont pu vous faire du mal. Peut-être sur votre tronc aujourd'hui il y aura une cicatrice de plus. Peut-être que vous aurez perdu quelques branches, mais vous acceptez d'accueillir simplement cette sensation de tristesse. Cette sensation qui n'a rien d'agréable, mais qui vous permet à vous-même, de faire le deuil du rejet, parce qu'en l'accueillant vous allez à l'inverse du rejet.

En l'accueillant, en vous accueillant, en accueillant ces faits, cette situation, vous êtes, vous, en train de vous accueillir. Alors, imaginez que cet arbre qui a vécu cette tempête, ces coups de vents, ces mouvements, commence à accueillir la vie, sa vie. Comme si vous étiez en train de ressentir la sève, l'énergie de la terre remonter à l'intérieur de vous. Une énergie pleine d'espoir, de possibles et vous vous donnez cette possibilité maintenant et, de plus en plus, de laisser aller en vous cet accueil.

Si autrui vous a rejeté, si peut-être même, des personnes qui vous ont aimé vous ont rejeté, accueillez simplement qui vous êtes, parce que le plus important est que vous puissiez vous tendre les bras ou, simplement ouvrir le cœur de cet arbre, ouvrir le cœur de votre âme, à vous donner de l'attention et de l'amour. Peut-être que c'est une opportunité, même aujourd'hui, de célébrer avec bonté et bienveillance cet accueil, pour vous et par vous. Peut-être que vous avez cette chance la maintenant de vous dire, je m'ouvre à la vie, à ma vie. Vous pouvez tendre vos bras devant vous, vous pouvez imaginer vous accueillir, vous pouvez imaginer vos bras tendus comme les branches d'un arbre, sur lequel, peut-être dans quelques jours, quelques semaines, quelques mois, viendront se loger les oiseaux qui créeront leur nid. Un nid de vie et d'amour. Un nid qui permettra peut-être de donner aussi d'autres vies. En vous accueillant, vous accueillez la vie. Vous accueillez votre vie. Alors peut-être que certaines personnes ont décidé de rejeter qui vous êtes de leur vie, ça n'empêche en rien qui vous êtes aujourd'hui, capable d'accueillir la vie, votre vie. Donnez-vous ce temps, cet instant.

Ramenez vos bras ouverts vers vous et simplement imaginez-vous en train de vous tenir, de vous serrer contre vous-même, de vous donner plus d'attention, plus de bienveillance et jour après jour, vous allez ressentir, percevoir, que c'est comme si que vous étiez dans un accueil inconditionnel.

Un accueil de vos qualités, de vos défauts, de vos sourires et de maux. Simplement, vous vous laissez aller avec plaisir dans cette immensité qui est votre cœur et vous allez ressentir cet arbre, qui bien que trop souvent malmené, retrouve à nouveau ses feuilles et ses fleurs et simplement vous vous laissez aller dans cette vie qui est en train de s'égailler petit à petit, jours, semaines et mois, se mêlent et s'emmêlent, vous emmêlant et vous entraînant dans des odeurs et des sensations, des perceptions et des sons, des sons qui, simplement, vous permettent de ressentir à nouveau le battement d'un cœur comme un rythme de vie, comme cette sève qui remonte petit à petit laissant à nouveau mûrir et s'ouvrir un peu plus toutes vos envies à la vie, ressentant les caresses du soleil, être là comme si vous étiez en train de caresser l'enfant intérieur que vous avez été. Comme si vous étiez en train d'accueillir l'adulte, peut-être, qui a aussi besoin de ce doux baiser. Maintenant simplement pendant quelques instants, vous donnez pleinement de la gratitude et, en ces instants, vous vivez maintenant pleinement et laissant simplement votre cœur, votre esprit, vos émotions et pensées s'orienter vers cette idée, je m'accueille, je m'accueille davantage, je m'accueille un peu plus et, chaque jour qui passe je suis là. Et qu'importe que certaines personnes cherchent encore le rejet, je suis dans l'accueil de ce qui se passe, parce que je suis prêt à m'ouvrir aux multitudes de la vie, aux multiples possibilités que m'offre les sourires, les rencontres, les possibles et je deviens moi-même un élément de ce tout qui pourra à nouveau se lier, se relier et accueillir tous ces possibles à chaque instant.

Respirez profondément et dans quelques instants nous allons revenir dans l'ici et maintenant. On va simplement se permettre, pendant quelques instants à nouveau, de s'accueillir et puis, dans les minutes, les heures et les jours qui vont advenir, vous allez prendre plaisir dans cet accueil inconditionnel qui s'éveille, qui s'entend, qui attend, simplement encore et encore, d'avoir encore plus d'amour pour soi.

A cinq, vous ouvrirez les yeux plein de force et d'énergie, prêt
à continuer votre journée. Un, deux, trois, étirez-vous, quatre,
respirez profondément, cinq, les yeux ouverts ici et maintenant.

2/ Routine pour travailler le Jugement et la culpabilité / Méthode du Tribunal

Cette routine a pour but d'aider les personnes qui sont trop dans un jugement excessif.

Prenez une grande inspiration et simplement, expirez en fermant vos yeux. Pendant quelques minutes vous allez simplement imaginer que vous allez vous retrouver dans votre tribunal intérieur. Ce tribunal, c'est celui qui, depuis des années, ne fait que de vous culpabiliser, vous juger. Ce tribunal c'est celui avec lequel vous êtes constamment en conflit et qui ne cesse de vous rappeler les règles que vous avez achetées ou choisies.

Vous êtes peut-être à présent, depuis trop longtemps, dans une prison intérieure, à la recherche de mieux ou de perfection, à la recherche de toujours tout contrôler. Alors aujourd'hui, vous allez simplement échapper ou peut être mieux encore être disculpé. Je vais décompter de dix à un et, entre chaque chiffre, vous allez juste imaginez que vous descendez vers ce tribunal ou, peut-être même, que vous montez vers ce tribunal. C'est comme si aujourd'hui est un jour particulier. C'est le jour où vous allez être disculpé. Vous n'êtes pas coupable, vous le savez. Vous avez simplement acheté l'idée que ce juge avait raison. Ce juge, il est un peu votre père, votre mère, cette société, cette éducation et tout ce que vous avez mis derrière. Ce juge il peut être corrompu. Ce juge peut être simplement lié à une forme de mafia. Une mafia intérieure qui depuis des années, à chaque fois que vous passez devant ce tribunal, peut-être même quotidiennement, vous entendez toujours la même chose. Coupable, coupable puis, tu ne fais pas assez, tu n'es pas assez, c'est mal, ce n'est pas bien, etc.

Donc simplement à dix, vous allez être à ce tribunal. Vous allez simplement pousser la porte de ce tribunal. Imaginez que vous montez des escaliers jusqu'à un escalier, jusqu'à un tribunal et que, aujourd'hui vous savez que ça va être votre libération. Aujourd'hui, on réexamine les dossiers, vous réexaminez les dossiers. Un, deux, trois, respirez profondément, sentez à l'intérieur de vous cette crispation qui est en train de, petit à petit, s'évader, s'évacuer parce que aujourd'hui vous savez que vous allez être libre. Quatre, cinq, vous savez qu'à dix vous allez pousser la porte de ce tribunal intérieur et simplement vous dire, je suis libre et je sais que mes avocats, mon avocat intérieur, je sais que toute la défense est pour moi. Je sais aujourd'hui que je vais sortir libre de cette session. Six, sept, huit, respirez profondément, neuf et dix.

Simplement ouvrez cette porte. Vous êtes assis. Vous voyez ce juge qui depuis des mois et des années, est un peu votre persécuteur. Ce juge représente un petit peu toutes les règles que vous imposez, ou qu'on vous a imposées, que vous n'êtes plus capable de contrer ou de contredire. Vous devez toujours faire plus, faire mieux, ce n'est jamais assez bien. Vous êtes toujours en train de vous critiquer et, vous vous voyez en train de répéter encore ces inculpations comme d'habitude, sauf que, aujourd'hui quelque chose change. Il y a vraiment quelque chose qui change. D'une part, ce juge, va se faire arrêter. Oui ce juge ment. Il ment depuis longtemps, il est corrompu. A l'intérieur de vous, vous savez qu'il y a beaucoup de choses que vous avez achetées, mais qui ne sont pas à vous. On vous a menti ou, en tout cas, peut-être même, vous vous êtes menti. Alors cette corruption intérieure, vous allez simplement la laisser aller. Vous imaginez des agents de police qui vont simplement l'arrêter, la menotter puis, la faire sortir de ce tribunal interne.

Aujourd'hui vous allez respirer, vous allez vous rendre compte qu'il y a un nouveau juge, un juge mieux veillant. Éventuellement même, bienveillant. Ce juge est prêt à vous écouter. Ce juge est prêt à vous pardonner. Ce juge est prêt à vous faire confiance, confiance que vous faites au mieux. Confiance que ce que vous avez déjà fait, c'est bien. Ce juge, veut réellement que vous puissiez vivre votre vie en étant plus relâché, plus connecté. Ce juge va vous permettre de vous sortir de votre peur, de vos peurs, de votre excès de contrôle. D'ailleurs, c'est pour ça qu'il va vous donner votre liberté et vous n'avez plus à contrôler comme si vous étiez en prison. Comme si les pensées ou les devoirs étaient une obligation, non, vous allez décider, choisir, vous responsabiliser. Vous responsabiliser dans vos succès comme dans vos échecs et simplement vous sentir bien, parce que c'est vous et seulement vous qui allez choisir.

D'ailleurs, ce juge il est un peu particulier dans un sens où il vous propose aujourd'hui de vous dire que vous êtes disculpé. Vous n'avez plus à être coupable, vous n'avez plus à avoir de culpabilité. Aujourd'hui, je suis disculpé. Je suis innocent, je suis disculpé et innocent et vous voyez ce juge sourire. Vous vous rendez compte que, là maintenant, il est en train de vous demander de venir à la barre. Il vient de vous disculper. Vous pouvez sentir toute la culpabilité que vous aviez depuis des années cumulée à l'intérieur de vous, s'échapper, fuir, sortir de ces zones intérieures, sortir de cette prison intérieure, sortir de votre tête, de votre cœur; de votre corps, simplement sortir et en vous approchant de la barre, vous voyez ce juge qui vous dit : à partir d'aujourd'hui, je vous invite à écrire les nouvelles règles et les nouvelles lois, le nouveau cadre de votre vie.

Je vous invite aujourd'hui à simplement vivre votre vie avec vos convictions. Pas celles de votre père ou de votre mère.

Pas celles de vos professeurs, pas celles de cette société, pas celles de vos ouvrages, simplement votre vie, vos codes, vos règles. Vous respirez profondément et, simplement, vous commencez à prendre la mesure de la chance que vous avez. Vous êtes disculpé. Toute la culpabilité est en train de petit à petit s'en aller. Vous n'avez plus d'obligation de vous emprisonner dans un excès de contrôle, un excès de peur. Vous n'êtes plus obligé de chercher cette fausse perfection. Vous êtes simplement dans le droit de vous offrir ce que vous méritez et désirez.

Alors, vous commencez à remercier ce nouveau juge qui, au bout du compte, vous disculpe. C'est-à-dire qu'il peut y avoir maintenant des jugements qui sont simplement positifs. Qui ne seront même plus des jugements mais simplement des félicitations. Une attention particulière pour vous. Alors simplement vous laissez cette idée venir, je n'ai pas besoin de me culpabiliser moi-même, c'est moi qui créé mes propres règles, je sais que je suis clair avec moi et que je sais me cadrer. Je me donne tout ce qu'il faut avec fermeté et souplesse. Vous savez que vous êtes capable de vous donner de la justesse.

Respirez profondément et laissez simplement toutes ces idées se connecter, ce nouveau tribunal simplement exister et dans quelques instants vous allez sortir de cette place pour vivre et respirer pleinement libre. Vous permettant de construire et de créer à nouveau de plus en plus de nouveaux codes. Alors vous êtes en train, petit à petit, de sortir de ce tribunal avec un allègement, un apaisement, une sérénité, une sécurité, comme si tout était désormais beaucoup plus léger, apaisé. A cinq, vous allez ouvrir vos yeux, plein de force d'énergie dans cette nouvelle liberté déculpabilisée que vous allez vivre. Un, deux, trois, respirez profondément, quatre, étirez-vous et cinq, les yeux ouverts ici et maintenant.

3/ Routine pour l'acceptation de soi : Technique de SA lumière

Cette routine a pour but de travailler sur l'acceptation de soi.

Fermez vos yeux et simplement respirer profondément. Pendant quelques minutes, vous allez juste vous focaliser sur une lumière, lumière à laquelle vous allez penser, lumière que vous allez imaginer. Imaginez cette lumière et simplement commencez à vous orienter vers elle, comme si vous étiez petit à petit attiré par sa luminosité.

Imaginez simplement que cette lumière, c'est ce qui se cache à l'intérieur de vous. C'est ce qui est présent depuis le début des temps et qui simplement attend de vous cette prise de conscience, ce rappel, ce contact. A mesure que vous vous approchez de cette source de lumière, vous allez simplement imaginer que vous remontez dans le temps, comme si vous étiez en train de rajeunir seconde après seconde, minute après minute, comme si le temps était en train de s'accélérer et que vous vous rapprochiez de plus en plus de cette source.

Cette source de lumière qui chaque jour est présente. Chaque jour tend à vous donner de la confiance, du bonheur, du bien-être. Chaque jour cette lumière est en vous, chaque jour cette lumière brille. Pourtant la vie, le temps, vos expériences, ont parfois mis de côté toute cette énergie.

Alors à mesure que je vous le demande, vous vous approchez, vous vous approchez de plus en plus de cette source de lumière.

C'est comme si vous étiez en train de redevenir adolescent, enfant, petit enfant. Qu'importe ce qui s'est passé dans votre enfance, là simplement c'est vers cette source qu'on se dirige et pas vers des choses qui peuvent vous blesser, non, juste cette source de lumière, d'apaisement, de bonheur.

Comme si vous étiez volontairement aller chercher du bien-être en vous. Comme si vous étiez en direction de ce qui vous concerne, ce qui fait de vous un personnage unique. Un être plein de force et d'énergie. Certainement dans votre vie, il y a eu des hauts et des bas. Seulement cette lumière a toujours été là. Cette lumière est présente et dans quelques instants, vous allez vous y reconnecter comme si vous alliez autoriser à vous reconnecter à de la lumière, du bien-être, du bonheur. Vous rendre compte à quel point vous pouvez être brillant. Bien sûr c'est votre choix.

C'est vous qui allez décider, maintenant, si vous souhaitez vous connecter à cette zone en vous, à cette partie de vous, à cet élément fondateur de vous-même, cette lumière. Je vous laisse quelques instants pour vous décider et si vous souhaitez réellement vous connecter à cette lumière, je veux que, intérieurement, vous vous répétiez, je veux me connecter à cette lumière; je veux me connecter à cette lumière, je veux me connecter à ma lumière, je veux me reconnecter à ma lumière, je veux me connecter à ma lumière. Respirez profondément et maintenant je vais décompter de 3 à 1. A 1 c'est comme si vous alliez plonger dans cette lumière, comme si vous alliez embrasser cette lumière, comme si vous alliez reconnaître votre lumière.

3, 2, 1... maintenant simplement connectez-vous à cette lumière extraordinaire. Prenez une grande inspiration comme si vous étiez en train de vous remplir de cette force, comme si vous étiez en train de vibrer. De vibrer avec cette source. Pour certains d'entre vous ça va être des lumières tout autour de vous ou peut-être simplement une pensée, un soleil intérieur qui est en train de s'éveiller, de se réveiller.

Parce que dans cette lumière vous pouvez voir toutes vos forces, toutes vos capacités, celles que vous avez décidé de mettre en place pour changer, avancer, évoluer et que personne, personne, vraiment personne, ni rien sur terre ne peut empêcher parce que vous décidez, vous choisissez, vous vous orientez vers ce qui est bon juste et positif pour vous et cette lumière c'est comme un moteur, est comme une source, une source qui vous permet de vous rendre compte, qu'en fait, vous êtes vous-même cette lumière. Respirez profondément et pendant quelques instants j'aimerais que vous vous répétiez ces mots. Je peux m'aimer, je peux m'aimer, je peux complètement m'aimer. Bien sûr cela peut sembler parfois un peu dissonant mais je vais juste vous demander d'imaginer que dans cette source, dans cette lumière, cette lumière qui est en vous, qui brille et qui depuis des jours, des semaines et des mois, n'attend simplement que ces attentions. Imaginez simplement, vous êtes capable d'y voir toutes vos capacités, votre motivation, vos forces morales, vos envies, vos désirs positifs, vos capacités à avancer.

Pour certains il y aura une force d'action et pour d'autres ce sera une capacité d'être calme, pour d'autre ce sera une capacité de partager, peut-être que vous avez tout à la fois, peut-être certaines qualités sont plus développées que d'autres et aujourd'hui c'est sur celles-ci qu'on va se baser. Vous allez vous rendre compte que dans cette lumière il y a tout, il y a absolument tout ce qu'il y a de juste, bon et positif. Il y aussi tous les potentiels, ceux que vous avez décidé de mettre en place et maintenant je vous demande simplement de vous connecter à un objectif qui vous tient à coeur. Maintenant que vous êtes connecté à cet objectif, simplement imaginez cette lumière et vous devenant de plus en plus lumineux, vous êtes en train de vous orienter vers la réussite de cet objectif. Comme si, vous saviez, vous saviez que depuis le départ que vous êtes capable. Que vous êtes une personne unique et extraordinaire. Vous êtes unique et extraordinaire et vous êtes capable. Répétez-vous ces quelques mots, je suis unique et extraordinaire, je suis capable. Je suis unique et extraordinaire, je suis capable. Je suis unique et extraordinaire, je suis capable. Vous pouvez garder simplement un mot, je suis capable, je suis unique, je suis extraordinaire, vous pouvez les mêler vous pouvez les transformer parce que vous êtes extraordinaire vous êtes capable et maintenant, pensez simplement à cet objectif que vous savez être capable d'atteindre. Que rien ni personne ne peut vous empêcher. Que rien ni personne ne peut empêcher votre lumière de briller. J'aimerais que vous preniez attention à cette lumière c'est la vôtre. Peut-être pendant des semaines, des mois, des années vous avez occulté ces parties de vous.

Peut-être que pendant des semaines, des mois, des années vous avez pensé que, ce que les autres ont dit est plus vrai que vous êtes, ce que vos parents, ce que vos amis; ce que la vie vous a imposé devenait alors votre réalité alors que non, vous êtes cette lumière et jamais absolument jamais, elle ne s'éteindra. Cette lumière est faite pour s'étendre, pour se diffuser, pour grandir. Cette lumière est en vous, est à vous, elle n'appartient qu'à vous et il n'appartient qu'à vous, à partir d'aujourd'hui, et chaque jour qui passe, de la développer, de la grandir, de lui permettre d'évoluer.

Respirez profondément et prenez toute cette lumière en vous. Connectez-vous à cette lumière. Quotidiennement, connectez-vous à cette lumière. Reprenez cette lumière comme étant partie de vous et en étant cette partie, de vous, vous admettez dès lors que vous pouvez jour après jour, vous aimez davantage, vous voir grandir, vous autoriser à changer, évoluer, atteindre tous les objectifs que vous vous êtes fixés avec justesse, avec bienveillance.

Respirez profondément et dans quelques instants vous allez revenir dans l'ici et maintenant avec plein de force, d'énergie, prêt à continuer cette journée. Mais surtout prêt à continuer à développer, à diffuser cette énergie, cette lumière et vous aimer de plus en plus chaque jour.

1, 2, 3, à 5 vous ouvrirez les yeux. Maintenant étirez-vous, connectez-vous à vous et pensez à chaque instant à vous reconnectez à cette lumière.

4 respirez profondément et 5 les yeux ouverts ici maintenant

4/ Routine pour Apprendre à mieux s'accueillir

Cette routine a pour but d'aider les personnes qui ont trop pris l'habitude de se rejeter.

Prenez une grande inspiration et pendant quelques minutes, vous allez prendre un moment pour vous, pour commencer petit à petit à vous accueillir davantage. Maintenant, imaginez-vous que vos paupières sont complètement détendues, relâchées et relaxées, à tel point que vous n'avez ni l'envie, ni la possibilité de les ouvrir.

Très bien, maintenant nous allons descendre dix marches, entre chaque marche, gardez cette idée d'avoir cette capacité, qui va se développer en vous, de vous accueillir. Peut-être que l'image que vous allez pouvoir avoir c'est celle de vous-même en train d'ouvrir les bras. Ouvrir les bras comme pour dire à votre subconscient, à votre être, que vous êtes prêt maintenant à accueillir, accepter cette présence, votre présence pour vous-même. Alors vous pouvez même le faire maintenant en cherchant réellement à ouvrir vos bras et simplement entre chaque chiffre vous allez vraiment ressentir cette envie, ce besoin de vous accueillir davantage et de le mettre dès à présent en pratique.

10, 9, 8, 7... Respirez bien, vous avez les bras ouverts dans un plein accueil et alors, peut-être, vous pouvez y rajouter quelques éléments, un sourire, une envie, un désir, quelque chose qui va vous permettre simplement de vous percevoir comme prêt, complètement prêt à accueillir qui vous êtes, ce que vous êtes et plus encore, vous pouvez même imaginer que vous allez accueillir ce vous, enfant, qui, peut-être, parfois, s'est senti rejeté et qui tout simplement ne fait que crier et rappeler que, depuis des années, il n'a pas pris le temps de développer la capacité de mieux s'accueillir, de mieux s'aimer.

6, 5... Respirez profondément, vous savez qu'à un, c'est comme si vous alliez prendre cet autre vous, cet enfant dans vos bras, pour vous sentir vraiment bien et de mieux en mieux.

4, 3, 2... Respirez pleinement et 1. Là, simplement imaginez que maintenant vous refermiez petit à petit vos bras et que c'était comme si vous étiez en train de **lui tenir la main**. Comme si vous étiez en train d'accueillir l'enfant que vous avez été. Imaginez cet enfant comme il a pu être, comme il a pu se ressentir et tout simplement vous pouvez également penser à vous, l'adulte qui parfois a besoin qu'on le prenne dans les bras et qu'on lui dise qu'on est là, qu'on est présent. Sans demander plus de choses, simplement être présent, être là complètement unifié à cette partie de nous. Alors, vous allez simplement imaginer ou penser à tout ce que vous auriez aimé qu'on vous dise. Qu'est-ce que vous auriez aimé entendre quand vous étiez enfant, ou même la dernière fois que vous vous êtes senti rejeté? Qu'est-ce qui vous est venu à l'esprit ? Est-ce que vous souhaitiez simplement qu'on vous entende ? Est-ce que vous souhaitiez qu'on vous dise qu'on vous aime ? Est-ce que vous souhaitiez simplement une caresse ? Est-ce que vous souhaitiez simplement être respecté ? Qu'importe votre réponse, toute réponse est juste. Simplement là, pendant ces quelques instants, vous allez vous donner ce que vous auriez aimé que quelqu'un d'autre, ou une autre situation, vous donne. Vous avez peut-être attendu depuis des années que les gens se comportent d'une certaine manière avec vous et peut-être ils n'avaient pas les clés ou n'avaient pas le code pour parler, comme vous parler, pour vous regarder comme vous regardez, pour être présent comme vous, vous êtes présent. Alors, dans ce cheminement d'accueil, vous allez vous accueillir, vous allez vous donner ce que vous attendiez, peut-être, que le monde vous donne et dans cette idée vous allez juste prendre plaisir.

Imaginez si maintenant, entre votre passé, votre présent et votre futur, il n'y avait que cet instant et cet instant c'est l'instant que vous pouvez donner à cet enfant, à cet adulte, à cet être que vous êtes, tout ce que vous avez attendu que les autres vous donnent. Peut-être pour certains, c'était leurs parents, ou peut-être leurs grands-parents, ou peut-être leurs amis, ou peut-être leur responsable, leur femme, leur mari, leur enfant, qu'importe. Imaginez que vous n'attendez plus rien d'eux et que tout ce que vous avez pu attendre, vous êtes en train, maintenant, de vous focaliser dessus et de vous le donner. Donnez-vous de l'amour. Si vous ne savez pas comment vous le donner, simplement, répétez ces quelques mots tout simples que vous connaissez déjà. Je t'aime. Je t'aime. Simplement, je t'aime et accueillez simplement ces mots. Vous pouvez le dire à voix haute si vous le pouvez et n'hésitez pas, je t'aime, je t'accueille, je te respecte. Vous pouvez utiliser n'importe quel mot, celui qui est le plus convenable pour vous. N'hésitez pas, dès que vous avez du temps, à dire à voix haute, comme si vous étiez en train d'accueillir aussi ces mots. Peut-être qu'à force de les avoir attendu, vous n'étiez même plus capable de les entendre. Peut-être que vous n'êtes même pas capable jusqu'à aujourd'hui de vous dire que ces mots puissent résonner à l'intérieur de vous. Maintenant laissez- les résonner, laissez- les vivre. Je t'aime, je t'accueille, je suis présent, je t'écoute, je te respecte et simplement observez, avec vos mots, ce qui vibre en vous, ça vous appartient, c'est à vous, c'est pour vous et petit à petit dans les minutes, les heures, les jours à venir, vous allez vous rendre compte que ces quelques mots, ces bras tendus, ces bras près de vous, cet accueil que vous faites à votre être, à votre enfant intérieur, à votre parent intérieur, à votre être de l'instant et à chaque instant, cet être est vivant et il est prêt à recevoir et accueillir. A donner et offrir tout ce que vous attendez depuis des années et des années. Et là, tout simplement vous le faites. Vous vous le donnez. Vous n'êtes plus en train d'attendre que quelqu'un le fasse.

Vous n'êtes pas dans une futurisation de quelque chose, non, vous êtes juste là maintenant en train de vivre.

Alors, je vais vous laisser quelques instants sans parler et ces quelques instants vont sembler de longues minutes et vous allez simplement vous donner par la pensée, peut-être par les gestes, peut-être par les mots à voix haute, tout ce que vous avez attendu, avec un accueil inconditionnel, parce qu'il n'y a pas de condition pour vous, à vous aimer davantage, à vous accueillir et à vous respecter de plus en plus. Respirez profondément et pendant quelques secondes, pensez simplement, ressentez, percevez tout cet accueil, cet amour et ce respect.

Très bien. Ces secondes sont pour votre esprit, votre corps des minutes, peut-être des heures. Peut-être même cette première rencontre d'attention, de respect, va déjà construire quelque chose de nouveau en vous. Peut-être une émotion, peut-être que vous allez ressentir une émotion qui va émerger et de la même façon que vous accueillez, vous allez l'accueillir et vous allez simplement la laisser fleurir, s'exprimer comme vous auriez aimé qu'on vous laisse vous exprimer et fleurir, mais vous pouvez imaginer simplement là aujourd'hui et à chaque fois que vous allez travailler sur vous pour cet accueil, cet amour, ce respect. C'est comme si vous étiez en train de sortir de terre, comme si vous étiez en train d'être un arbre en train de pousser et vous allez vous pousser à vous donner davantage d'amour, de respect et d'accueil.

Respirez profondément et dites-vous simplement merci. Vous pouvez le dire à voix haute si la situation le permet. Merci. Merci de m'aimer, de m'accueillir. Je me remercie dans l'amour, le respect et l'accueil. Dans quelques instants nous allons revenir dans l'ici et maintenant. Je vais compter de un à dix, à dix vous ouvrirez les yeux plein de force, d'énergie, plein d'accueil pour vous.

Un, deux, trois, respirez, étirez-vous, quatre, cinq, vous savez qu'à dix, vous serez parfaitement éveillé. Six, sept, respirez complètement, vous êtes en train simplement de vous donner tout l'accueil qu'il vous faut, huit, neuf respirez et dix les yeux ouverts, ici et maintenant.

5/ Routine pour la confiance en soi / Méthode Vous êtes précieux

Cette routine a pour objectif de vous permettre de prendre de plus en plus confiance en vous, confiance en votre potentiel, en vous rendant compte petit à petit, à quel point vous êtes précieux.

Prenez une grande inspiration et simplement, connectez-vous à vous. Connectez-vous à tout ce potentiel que vous avez en vous, ce potentiel que peut être aujourd'hui vous n'avez pas réalisé, que vous n'avez pas pris en compte dans votre quotidien.

Pendant ces quelques minutes, simplement donnez-vous le droit de penser que votre potentiel peut être exploité et vous êtes pleinement et totalement précieux. Je vais décompter de dix à un, et entre chaque chiffre, je vous demande juste de penser au fait que vous avez en vous un terrain extraordinaire comme une sphère, une mini planète dans laquelle vous avez à explorer de nombreuses facettes, de nombreux lieux. Ce terrain c'est votre potentiel et aujourd'hui peut-être vous êtes simplement dans un lieu, un endroit où vous n'exploitez qu'une toute petite partie de vous. Vous n'êtes même pas encore sorti de ce lieu. Alors pendant ces quelques minutes, autorisez-vous, donnez-vous le droit d'aller explorer cette planète qui vous appartient, qui n'est qu'à vous, et qui vous permet de développer des choses en vous, pour vous au quotidien, à chaque instant.

10, 9, 8, simplement connectez-vous à cette petite planète, vous pouvez juste l'imaginer grande, petite, bleue, jaune, verte, orange, rouge, qu'importe. Le plus important c'est que c'est votre planète. Pensez à une planète, la première qui vous vient, c'est la vôtre.

Elle vous appartient et elle va vous permettre tout au long de cet audio, mais surtout bien après, de vous rendre compte que vous pouvez aller explorer des zones dont vous n'aviez même pas conscience de leur existence. 7, 6, 5... Vous êtes précieux, vous êtes précieux parce que vous êtes le centre de cette planète, vous êtes le cœur de cette planète, parce que vous êtes le cœur d'un monde que vous ne connaissez pas complètement et que vous avez l'impression que vous ne vous connaissez pas, que vous ne savez pas réellement qui vous êtes. Vous avez l'impression que vous êtes parfois sans confiance en vous. Pourtant, vous avez sur cette planète un lieu, un endroit qui vous permet de vous rendre compte que vous avez réellement beaucoup plus de force, de possibilités, de capacités que vous l'imaginez. Alors donnez-vous le droit de sortir de ce lieu pour aller découvrir ce monde, votre monde, votre potentiel. 4, 3, 2... Respirez profondément et simplement dites-vous maintenant : je développe mon potentiel, je prends place dans mon potentiel et simplement écoutez à l'intérieur de vous comment résonne ces mots. Laissez grandir cet espace en vous, cet espace dans votre planète intérieure sur votre terrain intérieur.

1... Maintenant simplement imaginez-vous sur ce terrain. Cette planète et votre terrain de potentiel. Imaginez que jusqu'à présent vous étiez dans une petite demeure dans ce potentiel et que vous manquiez de confiance en vous parce que vous n'êtes jamais sorti de cette demeure. Je vais vous demander simplement de penser, de croire, de vouloir cette petite maison avec une porte et vous allez juste la pousser. Je vais décompter de trois à un, vous allez la pousser et vous allez sortir. Vous allez sortir peut-être dans un jardin autour ou peut-être dans un espace nouveau, peut-être vous allez être sous l'eau ou peut-être, vous allez dans les airs, qu'importe. Laissez simplement votre pensée, orienter, diriger, aller vers ce potentiel et c'est comme si en ouvrant cette porte vous allez vous donner droit, vous autoriser à avoir ne serait-ce que dix pour cent ou vingt pour cent en plus de confiance en vous.

Comme si vous vous donniez le droit de prendre plus d'espace. Prendre davantage d'espace pour vous, vous rendre compte que vous êtes précieux.

3, 2, 1.... Ouvrez cette porte et sortez, respirez profondément comme si vous étiez simplement en train de récupérer autour de vous toute cette énergie qui parfois vous a manqué, vous a fait douter de vous. Là, à partir de maintenant et dans les jours à venir dans les semaines à venir, vous allez simplement explorer ce territoire, vous autoriser à vivre dans ce territoire et vous rendre compte à quel point vous êtes précieux. Vous êtes précieux parce que chaque battement de votre cœur, chaque pensée, chaque geste que vous faites, fait vivre, fait vibrer ce potentiel, ça vous permet également d'aller voir dans d'autres zones, des zones qu'aujourd'hui vous n'êtes pas capable de voir, de comprendre, de maîtriser et pourtant, certainement, dans ce potentiel, dans ce terrain, il y a ces zones. A vous maintenant de décider vers quel lieu vous voulez aller, quel type de confiance vous voulez prendre. Qu'importe ce qui vous vient en tête, dites-vous que vous allez vers la confiance en vous qui vous convient, celle qui va vous permettre d'être mieux peut-être au quotidien avec les autres, celle qui va vous permettre d'être mieux avec vous, peut-être communiquer plus facilement, peut-être passer plus facilement des examens, peut-être aller en relation avec d'autres personnes de manière plus simple, vous exprimer, vous éveiller à vous-même.

Imaginez simplement sur votre terrain, ce lieu et vous vous éloignez petit à petit de cette maison qui vous a limité, limité complètement pour simplement à partir de maintenant, développer, ouvrir votre potentiel et vous allez juste prendre plaisir à vous laisser découvrir et assimiler petit à petit, jour après jour de plus en plus de choses bonnes, positives vous donnant comme un espace de confiance, votre potentiel de confiance qui est en train de grandir, grandir de plus en plus.

Imaginez-vous sur cette planète comme si tout était en train de se mettre en place pour que dans les secondes à venir, vous sentiez la confiance en vous. Une énergie, une puissance qui monte. Je vais compter de un à cinq et vous allez simplement imaginer cette puissance, cette énergie, cette confiance qui monte et que vous vous donniez le droit de vivre et vibrer avec votre potentiel.

1, 2, 3... Respirez profondément vraiment secouez vos mains, secouez votre tête, allez chercher à l'intérieur de vous toute cette énergie qui est là, elle est là et vous êtes précieux parce que vous le désirez parce que vous le souhaitez parce que vous voulez avoir de plus en plus confiance, que vous pouvez naturellement aller plonger dans votre plein potentiel.

4, 5... La simplement, respirez, inspirez, expirez, bougez, souriez, criez, laissez-vous simplement complètement envahir de votre potentiel comme s'il était à la foi autour de vous et à l'intérieur de vous et qu'à partir de maintenant vous vous donnez le droit. Vous vous donnez ce droit-là, d'aller chercher cette confiance, de prendre cette confiance, de l'emmener à vous, de la garder et de la développer, de la faire grandir, grandir de plus en plus et simplement vous dire : j'ai confiance, j'ai confiance en moi et je sais que maintenant, demain, dans les jours à venir, les semaines à venir, ça va se développer, ça va se sentir dans mes gestes, mes mots, mes regards, ça va se sentir comme si tout était en train de prendre place et vous prenez place dans votre potentiel, dans votre confiance en vous. Vous êtes précieux et donnez-vous ce droit d'être précieux, d'être extraordinaire, grandiose et d'accepter d'avoir confiance en vous, d'avoir ce potentiel et de trouver cette zone en vous dans ce monde, dans ce terrain qui vous permet de briller de confiance et de bien-être.

Dans quelques instants, vous allez revenir dans l'ici et maintenant et vous savez que vous allez pouvoir naturellement et facilement continuer à vivre ce potentiel. Il vous suffit de fermer les yeux et de penser à ce terrain, cette petite planète, ce plein de potentiel et cette zone que vous êtes en train de trouver, découvrir et petit à petit, exploiter pour vous et vous êtes la clé de ce terrain de ce potentiel, vous êtes une clé précieuse et à partir d'aujourd'hui vous allez prendre en compte toute cette force pour développer encore et encore de plus en plus de confiance en vous. Je vais compter de un à cinq et à cinq vous ouvrirez les yeux plein de force d'énergie, prêt à continuer votre journée.

1, 2, 3... Etirez-vous, respirez, prenez conscience de votre corps, de votre potentiel, de cette confiance qui monte, qui monte de plus en plus.

4 et 5... Ici et maintenant.

6/ Routine pour travailler sur l'amour de soi

Cette routine a pour but d'aider les personnes à apprendre à s'aimer davantage chaque jour.

Prenez une grande inspiration et peut-être simplement vous vous laissez emporter vers ce concept d'amour. **Comme si vous étiez en train de séparer de l'amour… l'âme**. Comme si cette âme était en train de s'éveiller, de s'envoler et petit à petit prendre conscience de tout ce qu'il est capable de faire. Est-ce que cette âme est, il ou elle? Ça n'a guère d'importance. A cet instant précis, simplement vous allez prendre une grande inspiration et vous vous autorisez, pendant quelques minutes, d'être de plus en plus connecté à cette âme. Cette âme qui peut désormais redéfinir avec plaisir ce qu'est l'amour. Chaque mot a un sens, le mot que vous lui donnez est celui que vous avez choisi, le sens est aussi un choix. Peut-être que désormais vous êtes en train de percevoir ce mot 'amour' et avec votre âme, vous pouvez l'observer, le regarder. Peut-être même, êtes-vous en train de le caresser, de le toucher ou simplement de l'entendre et le chouchouter, quelques mots ici et maintenant.
Alors simplement vous allez laisser vivre cette âme et peut-être va-t-il faire le tour de cet amour. Vous pouvez le définir ou le ressentir, vous pouvez le percevoir ou simplement être ici dans l'espoir de le vivre davantage parce que tout simplement, vous en êtes capable. Vous êtes capable de vivre pleinement ce mot, cet amour. Votre âme le sait et tout simplement, vous êtes en train de percevoir qu'il n'est pas au loin dans cette tour. D'ailleurs, vous êtes déjà en train de vous rapprocher de cet élément tout en percevant petit à petit les battements de votre cœur, qui amoureux de vous-même, vous permettent dans tout ce tour, de vous permettre naturellement d'être plus aimant avec vous. Cet amour est simplement présent.

Défini ou indéfini, c'est simplement vous qui allez lui donner sa forme. Peut-être que vous avez une forme qui vous plait, peut-être que cette forme ne vous plait pas encore. Prenez quelques instants et changez-la. Permettez-vous de vous rendre compte que l'amour est muable et peut-être dans cette idée immuable, vous pouvez avoir, dès à présent, cette idée de forme sans forme et cette forme qui vous réconforte. Prenez quelques instants et laissez aller cette âme autour de cet amour. Ou peut-être simplement cette âme réintégrer l'amour, réintégrer ce mot, ce concept, ce tout. Laissant au loin les illusions d'un faux amour pour donner à présent plus de présence à votre amour. Cet amour de vous, cet amour de ce mot et peut-être plus que ces mots, ces émotions, qui vont vous permettre d'être complètement uni à l'amour. Se réunir avec amour, se réunir dans l'amour. Le sens de ce mot est en train de changer. Peut-être devient-il plus habité, que vous habitez cet amour. Etes-vous en train de vivre ici et maintenant l'amour ou tout simplement, laissez-vous cet amour devenir une partie de vous. Alors, vous pouvez vous laisser emporter et peut-être à nouveau votre âme se séparer, tout en remarquant que vous êtes de plus en plus lié à cet amour. En vivant, observant, virevoltant, et vous permettant d'être à la foi dans l'ici et le maintenant, vous permettre d'être plus aimé, plus aimable. Peut-être simplement vous aimer plus et vous apporter plus, ce que vous aimez.

C'est comme si tout votre corps et tout votre esprit étaient en train, l'un comme l'autre, de se lier, de s'aimer. Vous êtes-vous déjà réellement aimé ? Et à cette question, il n'y a peut-être pas de réponse. Parce que simplement l'amour, le sait. Parce que simplement il ne prend pas la forme que vous attendiez. Parce que simplement, la définition que vous venez de donner est simplement un oubli de ce que vous avez vécu. Vous êtes peut-être aimé, vous êtes peut-être, vous-même, amour, vous êtes peut-être vous-même, aimant de vous-même. Peut-être que ce tout n'a plus de forme ou, dans ces formes, la forme que vous souhaitez.

En tout cas, il devient petit à petit un peu plus vous et vous êtes capable de ce tout, de cet amour, de cette envolée, de cette envolée qui vous emmène tellement haut que vous ressentez peut-être que vous êtes déjà géant en amour. Alors, les mots se resserrent. Peut-être même ces mots font écho, peut-être ce mot devient lumière. Vous allez suivre cet écho, cette lumière ou ce tout, vous emportant un peu plus loin, un peu plus vers vous, vers vous et vers cet amour qui est à chaque instant plus présent. Plus présent pour vous et petit à petit comme dans l'élan d'un tout, vous le proposez à ceux qui vous entourent, au loin de cette tour, simplement plus d'amour et vous, vous êtes plus connecté à tout ce qui vous entoure. Cet amour de vous, ce tout et ces battements d'un cœur qui, aimant, se ressent plus plaisant et peut-être que vous êtes déjà en train de le percevoir, le ressentir, le vivre, entendre, un peu plus d'amour. Un chuchotement ou quelques instants qui vous permettent là, maintenant, de vous dire je m'aime. Simplement je m'aime naturellement et facilement, je m'aime. Il y a peut-être ni plus ni moins que cela. S'aimer simplement. Sans chercher un autre sens que 'aimer'. Et peut-être que même ce mot se fait oublier pour simplement, que votre âme recommence à se lier à toutes ces émotions et ces sensations, ces perceptions et ces pensées qui vous permettent simplement d'être un peu plus d'ici et maintenant, un peu plus aimé et juste simplement vivre l'instant.

Connectez-vous à ce que vous ressentez. Peut-être ce tout est un rien et ce rien devient un tout, formez, osez, laissez, vivez, aimez l'instant, le tout, le 'vous'. Osez simplement ce mot, osez simplement être vous-même ce mot. Peut-être même que vous ne recherchez plus l'amour, simplement vous devenez cet amour. Peut-être que vous n'avez pas à le donner ou à le recevoir, peut-être que vous simplement vous vibrez en cela. Laissez simplement cette vibration d'un amour et peut-être simplement, aimez à aimer, recevoir cette vibration ou simplement être. Vous êtes amour.

Vous êtes de plus en plus amour et amoureux de vous amoureux. Peut-être même que cet amour n'a plus de sens, peut-être que ces mots aussi perdent de leur sens parce que simplement vos sens s'éveillent davantage à tout ce qu'il y a d'important. L'amour de vous et peut-être qu'il n'y a aucun sens à s'aimer encore plus et davantage.

D'ailleurs respirez profondément et juste aimez cet instant. Aimez le droit, aujourd'hui, de vous aimer davantage. Vous pouvez choisir de vous aimer un peu plus ou tout simplement de vous aimer et dans ces choix, vous savez que les illusions de ne pas vous aimer est une croyance qui s'envole, qui s'efface au loin, qui a déjà fait le tour. D'ailleurs votre âme est là en train d'observer que cet amour devient de plus en plus présent, d'ailleurs maintenant, prenez un instant et serrez vos mains comme si vous étiez en train de naturellement saisir cet amour et peut-être que vous ne ressentez qu'un instant, qu'un moment, qu'une émotion et c'est très bien. Vous vous donnez le droit d'aimer et vous vous laissez emporter dans cette spirale qui petit à petit va simplement vous offrir de plus en plus le sourire. Laissez aller ce sourire d'un amour qui peut être non défini et qui à mesure de chaque instant se définit davantage pour vous, à vous. Votre propre définition, votre propre mot, vos propres émotions, votre âme désormais commence à faire le tour et simplement va se lier à son tour à tout ce qu'il y a en vous, plein d'amour et simplement comme un trait d'union, ces quelques mots s'enlacent et vous permettent naturellement de prendre conscience que vous pouvez également vous donner toute confiance.

On respire naturellement et cet amour entre l'inspiration et l'expiration, se fait naturellement, l'un et l'autre sont liés et chaque instant qui passe est simplement un oubli du premier. Nous sommes ici et maintenant tout en nous souvenant davantage que nous sommes là pour aimer, pour s'aimer, pour apprendre naturellement à être aimé.

Tout se fait sans y penser parce qu'au bout du compte ce mot n'a plus de sens et simplement vous laisser aller toutes vos pensées, vos sensations et vos perceptions devenir ce qui est pour vous aujourd'hui l'émotion. Respirez naturellement et dans quelques instants, quand ce mot aura rempli votre esprit et votre corps, quand l'envie de sourire sera là présente, vous ouvrirez vos yeux dans cet instant.

7/ Routine pour s'ouvrir et se donner de la gratitude / Méthode hauteur

Cette routine a pour but de s'ouvrir et de se donner un petit peu plus de gratitude.

Prenez une grande inspiration et pendant quelques minutes, simplement vous allez commencer à écouter ce mot, facilement et complètement à l'intérieur de vous, merci. Merci pour être, pour devenir et pour avoir été. Merci pour simplement se permettre d'être à la fois aujourd'hui, hier et demain. Merci pour respirer et être de plus en plus en meilleur santé. Merci pour simplement s'ouvrir à cette possibilité que maintenant je m'offre plus de gratitude. Imaginez simplement que vous êtes en train de vous éveiller, de vous élever à l'intérieur de vous-même. Comme si depuis tout ce temps, vous étiez simplement là, au sol de votre intérieur, comme si vous étiez en train de vous permettre à cet instant de vous éveiller à cette possibilité de remercier la vie, remercier ce que vous êtes, remercier votre corps même si parfois, tout vous parait parfois un petit peu complexe.

Aujourd'hui vous allez prendre un moment pour remercier. Remercier de respirer, remercier d'aimer, remercier de vouloir, remercier de désirer, remercier d'être un peu plus vous-même chaque jour. Alors peut-être que vous avez l'impression qu'être aimé ou qu'être remercié est quelque chose de compliqué, de complexe. Peut-on accepter des remerciements alors que nous-mêmes, parfois, nous ne nous sentons pas aimable ou nous n'avons que peu de gratitude envers nous. Pourtant, vous allez choisir, décider, prendre un moment pour créer un mouvement à l'intérieur de vous. Imaginez simplement ce mouvement d'être un peu plus ouvert à toutes ces possibilités de recevoir et d'apprécier.

Merci, merci à ce moment qui est en train de se passer maintenant. Vous vous donnez la possibilité maintenant de vivre un peu plus de façon ouverte. Ouverte à vous même. Ouverte à tout ce que la vie peut vous offrir aujourd'hui, demain et à chaque instant, que vous respirez, inspirez. Vous êtes peut-être encore à l'intérieur de vous à ce moment-là en étant un peu plus éveillé, élevé, vous permettant dans cet instant de vous remercier. De vous remercier de vivre ces quelques minutes avec vous-même.

Parfois il peut être difficile de se dire, qu'on se remercie. Parfois, nous pouvons souffrir de différentes pensées ou même ressentir notre corps n'allant pas là où l'on souhaite. Pourtant nous ne pouvons remercier notre capacité à guérir, à changer, à avancer, à évoluer. Nous pouvons prendre conscience qu'en nous élevant à l'intérieur de nous, en respirant chaque instant, nous avons encore plus de possibilités et de capacités à changer, à avancer. Est-ce que vous vous posez souvent la question de savoir comment votre corps va guérir d'une petite blessure ? Est-ce que vous vous posez souvent la question de savoir comment certaines choses apparaissent dans votre esprit ? Simplement remercier ce processus, votre processus. Vous êtes le créateur de ces processus. Vous êtes l'initiateur de ces changements, de ces avancées, de ces évolutions. Remerciez-vous simplement d'avoir juste envie, de désirer changer, de désirer évoluer, de désirer avancer, peut-être parfois, tout ne correspond pas forcément à ce que vous attendez. Néanmoins, remerciez-vous d'avoir été initiateur. Peut-être qu'à partir d'aujourd'hui, vous pouvez simplement vous dire : je suis créateur de ces remerciements. Je suis créateur d'éléments, d'événements de ma vie. Je suis créatif et je m'ouvre petit à petit à cette gratitude de pouvoir construire, créer, penser, aimer, avancer et évoluer en se laissant simplement aller à l'intérieur de nous et en nous ouvrant un peu plus à toutes ces possibilités, quelle partie de vous aimeriez d'abord vous remercier ?

Peut-être que vous êtes en train de vous rendre compte que certains aspects de vous, vous repoussent, vous rejettent et à mesure que vous vous élevez, vous vous éveillez à l'intérieur de vous, vous pouvez le voir d'un autre angle. Peut-être que ces zones d'ondes vous pouvez les créer de nouvelles façons. Peut-être que ces zones, que vous rejetez, vous pouvez simplement, pendant quelques instants, vous accueillir ou en tout cas vous ouvrir et si peut-être vous ne les accueillez pas complètement, laissez simplement cette possibilité de vous remercier dans la possibilité de penser déjà, que vous pouvez déjà, faire un pas de plus. Un pas de plus qui va vous permettre aujourd'hui, demain, les jours qui vont suivent, d'être un peu plus ouvert à vous-même tout en vous élevant et vous éveillant à l'intérieur de vous, vous pouvez constater que vous êtes peut-être bien plus que vous ne le pensez, appréciée, aimée et juste reprenez un instant dans votre être intérieurement pour vous donner quelques instants pour penser à ce mot. Combien de fois l'avez-vous dit ? Combien de fois l'avez-vous prononcé ? Combien de fois l'avez-vous entendu ? Quand est-ce que vous avez donné réellement toute la puissance de ce mot pour et par vous-même. Répétez-vous à l'intérieur de vous 'merci, merci'. Sentez la vibration de ce mot, comme si ce mot pouvait, au niveau et à la hauteur où vous êtes actuellement, vous permettre de vous éveiller encore davantage et de vous envoler, de vous permettre de sortir d'un carcan qui n'est plus le vôtre, merci. Merci d'être dans l'ici et maintenant.

Merci de simplement prendre ces quelques minutes pour vous. Vous remerciez de petites choses, vous remercier avec une réelle envie, une émotion, une passion. Parfois nous avons l'impression qu'il faut avoir de la gratitude pour les choses extraordinaires, alors simplement, prenez un temps pour vous rendre compte que simplement, si vous vous remerciez d'être maintenant, c'est déjà suffisant de prendre en compte cette gratitude. Prenez toute cette gratitude et emmenez-la en vous.

Imaginez que vous allez vous remplir de gratitude. Imaginez ce mot 'merci' écrit en géant sur un tableau, ou peut-être, sur une plage ou peut-être partout où vous le souhaitez, merci et vous allez simplement imaginer que maintenant vous êtes au sommet à l'intérieur de vous, de votre sensation, de vos perceptions comme si vous souhaitiez vous remercier pleinement. Prenez vos défauts et pendant quelques instants, regardez-les, observez-les. Observez le nombre de fois que, peut-être ces défauts vous ont particulièrement fâché avec vous et pendant un instant, observez qui vous êtes. Vous êtes ce tout, avec ses qualités et ses défauts. Vous êtes cette personne unique qui aujourd'hui devient encore plus entière, plus vraie, plus sincère. Vous êtes cette personne qui parfois est aimée, parfois l'est moins. Vous êtes vous-même et pour cela vous pouvez vous dire merci, simplement merci. C'est parce que vous avez vos défauts que vous avez également la lumière sur vos qualités. C'est parce que vous êtes cette entité complète que vous pouvez simplement vous dire : je suis. Merci, je suis et simplement respirez ces quelques mots, merci je suis. Dans l'entièreté de l'être, dans la gratitude de cet instant. Vous laissant sortir petit à petit à l'intérieur de vous pour avoir cette perspective de votre tout, de votre être, de votre visage, de votre sensation, de vos perceptions comme si vous étiez en train de vous élever, de vous éveiller encore plus haut, plus vite, plus fort pour simplement vous rendre compte que dans cet instant, vous êtes bien plus que ce que vous pensiez être.

Vous avez mille et une combinaisons, mille et une possibilités. Les unes se mêlent aux autres et au quotidien vous en découvrez d'autres. Parfois, vous êtes dans le sourire, parfois vous l'êtes moins et pourtant, toutes ces possibilités, c'est vous qui les créez. C'est vous qui les créez, c'est vous qui les construisez. Vous êtes des créateurs, vous êtes des créatifs et vous vous offrez la possibilité aujourd'hui de vous créer un sourire, de vous créer un merci.

Pendant quelques instants, créez-vous de la gratitude. De la gratitude en prenant de plus en plus conscience que, au moins quelques parties de vous le méritent plus que d'autres. Et les autres, vous pouvez les remercier de vous permettre de mettre en lumière ces parties-là. Simplement, prenez plaisir à cet instant. Merci, merci. Laissez simplement avec cette hauteur, la conscience se diffuser, s'éveiller. Cette possibilité s'ouvrir de plus en plus. Merci à ce que je suis. Merci à ce que je deviens. Merci à ce monde qui me permet de me mettre davantage en lumière et simplement de vivre complètement.

Respirez profondément et prenez conscience de la chance de cette respiration. Remerciez ces petites choses qui deviennent de plus en plus grandes. Remerciez ces petites choses qui vous permettent de vivre dans l'ici et maintenant. Remerciez ces petites choses qui vous donnent de l'envie de sourire encore plus grand, de vivre plus intensément, qui vous donnent la possibilité, le droit d'être de plus en plus présent. Merci, merci à ces instants, merci à ces quelques minutes que vous venez de vous donner. A ces quelques minutes qui vont vous permettre petit à petit d'être plus ouvert, plus capable d'ouvrir et d'accueillir la gratitude qui vous appartient et, peut-être plus facilement, celle que les autres vous propose. Merci à vous, merci à ces instants, merci à ce tout qui petit à petit devient un de vous. Vous allez ramener tout à l'intérieur de vous, retournant en vous avec bienveillance et tout simplement, plus de temps à vous dire merci. Dans quelques instants, nous allons revenir dans l'ici et maintenant avec gratitude et confiance avec ce petit sourire d'être un peu plus conscient de se remercier chaque jour, d'être ce que l'on est et ce que l'on devient. A cinq, vous ouvrirez les yeux, plein de force, d'énergie, prêt à continuer cette journée. Un, deux, trois, respirez, étirez-vous, quatre, dites-vous encore une fois merci, merci, merci, et cinq les yeux ouverts, ici et maintenant.

8/ Routine pour retrouver une Stabilité émotionnelle

Cette routine a pour but d'aider les personnes à retrouver une stabilité émotionnelle.

Prenez une grande inspiration et, pendant quelques instants, simplement, fermez vos yeux et connectez-vous à tous vos potentiels et toutes vos émotions. Imaginez-les allant et venant, passant d'un côté à un autre et, simplement, habitant votre corps et votre esprit, se laissant porter sans cesse et parfois, peut-être trop, par un monde extérieur qui ne leur convient pas ou qui simplement les fait vivre et vibrer.

Pendant quelques instants vous allez simplement imaginer que vous allez vous éveiller, vous élever comme si vous alliez changer de place. Comme si vous alliez vous donner la possibilité de commencer à exploiter et à explorer une nouvelle facette de vous. Petit à petit, vous allez simplement commencer à vous élever pour prendre un peu plus de distance et, comprendre, percevoir et surtout rapprocher vos émotions. C'est comme si à mesure que vous vous éleviez, comme si vous étiez dans une montgolfière ou un ballon, vous étiez en train de vous apercevoir que tout ce monde, tout votre monde est séparé par des barrières, comme si vous alliez séquencer votre être. Comme si, peut-être, vous aviez mis des cases pour différentes choses, pour différents aspects de votre personnalité. Peut-être que vous avez une case pour la famille, une case pour les amis, une case pour le travail, une case pour les loisirs.

Peut-être que vous avez une autre manière de ranger à l'intérieur de vous, seulement aujourd'hui, vous allez constater que vos émotions sont libres. Elles vont et viennent et parfois virevoltent un peu trop à votre goût.

D'ailleurs, ces mouvements vous empêchent de vous sentir stable, de vous sentir en phase et simplement d'être totalement apaisé vis-à-vis de vous-même. A mesure que vous vous envolez de plus en plus haut, vous percevez de plus en plus ces différents champs et ces différentes perspectives à l'intérieur de vous.

Prenez une grande inspiration et maintenant stoppez. Imaginez que vous êtes suffisamment haut pour voir et percevoir que vos émotions vont et viennent à l'intérieur de vous et que, effectivement, à l'inverse des autres cases, des autres lieux rangés en vous, elles sont totalement libres et vous vous rendez compte que cette liberté, pour l'instant, ne vous apporte pas nécessairement ce qu'il y a de plus juste pour vous. Aujourd'hui vous allez prendre un instant, un moment pour créer un lieu, un enclos suffisamment vaste pour exprimer et vivre ces émotions et, en même temps, suffisamment cadré pour qu'aucunement vous ne soyez déstabilisé, ni intérieurement, ni par le monde extérieur et toutes ses interventions.

Alors là, pendant ces quelques instants, je vais simplement vous demander de créer une espèce de parc à émotions. Votre parc à émotions. Vous pouvez imaginer que les émotions sont un peu comme des animaux sauvages qui ont leurs caractéristiques, leur force, leur douceur, leur violence. Constatez simplement vos émotions, laissez simplement ces émotions et observez-les et, pendant quelques instants voyez-les dans votre monde intérieur, vous, ayant une perspective plus haute et, pendant quelques instants, vous allez les orienter, les focaliser. Une fois que vous avez terminé de créer cet enclos, qui laisse bien sûr toute liberté à vos émotions en leur permettant d'être plus cadrées en vous permettant, dès maintenant, de cadrer davantage tout ce que vous ressentez en laissant ce qu'il y a de bon et juste s'éveiller en vous et vous permettant quotidiennement de rester stable, complètement stable et vraiment présent dans votre corps, dans votre esprit, dans votre cœur.

Maintenant, expirez profondément et imaginez que, un peu comme un berger, vous êtes en train de prendre le lead. Vous allez diriger vos émotions. Vous allez diriger vos émotions vers cet enclos, vers ce lieu cadré qui vous permet, à vous, de vous apaiser, de vous relâcher, comme si vous saviez que vous alliez vivre vos émotions et que, jamais, elles ne vont vous déstabiliser, vous décentrer. Vous avez cette capacité, à partir de maintenant, de ressentir que vous reprenez une maîtrise, une maîtrise, pas un contrôle. Juste la maîtrise, c'est-à-dire que vous allez respecter suffisamment cette énergie, qui est l'émotion et l'entendre et l'écouter avec bienveillance, sans vous laisser emporter par cette dernière, parce que vous savez que vous avez la capacité maintenant et, de plus en plus chaque jour, de vous centrer et d'approuver ce que vous êtes en train de vivre, sans jamais vous laisser vous déstabiliser.

Alors, à mesure que vous êtes en train d'avancer et de mener petit à petit ces émotions, vous pouvez les imaginer en file indienne et, si certaines émotions vont et viennent à nouveau, vous allez simplement prendre un instant pour la nommer ou les nommer et vous allez leur dire de rejoindre les rangs, bien sûr, ils peuvent rester aussi avec leur propre personnalité, avec cette propre énergie, seulement pour l'instant, c'est vous qui contrôlez, c'est vous qui maîtrisez plus encore, c'est vous qui orientez ces émotions et ce n'est pas les émotions qui décident pour vous.

A mesure que vous êtes en train de développer cette faculté en vous, vous êtes en train de vous rendre compte que vous êtes de plus en plus relâché, apaisé, vous êtes de plus en plus focalisé, centré. Vous êtes de plus en plus sûr qu'à partir de maintenant, vous êtes complètement capable de gérer et rester stable intérieurement, qu'importe ce qui est en train de se passer à l'extérieur, qu'importe les situations, qu'importe les personnes et qu'importe les émotions qui sont créées et qui interviennent. Parce que vous savez que désormais vous pouvez les cadrer et les maîtriser. Alors, maintenant, toutes ces émotions vous suivent parce que vous avez repris votre place, en vous, et vous les entraînez petit à petit dans cet enclos, ce vaste enclos.

Vous les laissez entrer, une à une et de plus en plus rapidement vous les voyez se plonger dans ce lieu, dans cet endroit. Une fois que toutes ces émotions sont passées, dans quelques instants, vous allez vous rendre compte à quel point vous vous sentez plus présent, vous vous sentez plus en phase, vous vous sentez plus centré, vous vous sentez prêt à gérer et à rester stable dans tout votre monde émotionnel. Alors maintenant, toutes vos émotions sont cadrées dans cet enclos et peuvent vivre pleinement tout en vous, permettant à vous, de vous respecter, de vous aimer et de rester à n'importe quel moment dans un état juste, bon et équilibré pour vous et pour les situations que vous êtes en train de vivre.

Respirez profondément et là, simplement imaginez que vous allez redescendre. A mesure que vous redescendez, vous vous ressentez de plus en plus dans votre corps et dans votre esprit, une nouvelle partie, un nouveau lieu, un nouvel espace, parce que, oui, c'est un espace, un espace d'expression et de liberté. Paradoxalement encadrant davantage vos émotions, vous êtes de plus en plus libre d'être vous, d'aller et venir, de vous exprimer et de ressentir. Alors dans quelques instants, vous allez simplement vous reconnecter pleinement à votre corps. Vous allez vous reconnecter à vos émotions et vous savez que vous pouvez passer voir ces émotions. Vous pouvez les écouter, vous pouvez toujours vous trouver à proximité. Vous savez simplement qu'à partir de maintenant vous les maîtriser et que vous vous sentez plus équilibré.

Dans les minutes, les heures et les jours à venir, c'est comme si tout était beaucoup plus simple, qu'importe les situations et les personnes, vous sentez et ressentez en vous cette stabilité. Cette stabilité est présente, elle est palpable. D'ailleurs là, vous allez respirer profondément et vous rendre compte que vous êtes de plus en plus stable, de plus en plus en vous. Dans quelques instants, je vais compter de un à cinq. A cinq, vous allez ouvrir les yeux, plein de force, d'énergie, de stabilité. Un, deux, trois, prenez une grande inspiration, quatre, étirez-vous et cinq, les yeux ouverts, ici et maintenant.

9/ Routine pour pardonner / Méthode Part Donner

Cette routine a pour but d'aider chacun à pardonner.

Prenez une grande inspiration et pendant quelques instants, fermez vos yeux. Imaginez-vous en train de pardonner et même si cette idée est un petit peu particulière à votre esprit, vous allez simplement garder cette idée, 'pardonner'. Donner une part. Pendant ces quelques instants, vous allez simplement imaginer que vous allez rechercher à l'intérieur de vous le nombre de fois où vous avez gardé, en vous, toute cette tension, ce stress. Toutes ces choses qui ont été dites, ou faites. Tous ces événements que vous n'aviez pas, jusqu'à présent, réussi à pardonner. Imaginez que vous avez en vous une multitude de parts qui vous appartiennent en partie et, en partie ne vous appartienne déjà plus.

Imaginez simplement, que vous les garder en vous et que cela créer de la tension. Cela créé des souvenirs négatifs, cela ne vous convient plus aujourd'hui. Alors vous allez juste pendant quelques instants, vous connecter à cette chose, cette personne ou cet événement que vous souhaitez pardonner et, si c'est une part de vous-même, imaginez-la simplement en face de vous. Prenez une grande inspiration et, simplement, juste, reconnectez-vous à cette chose qui n'a pas été pardonnée. Et pendant quelques instants, commencez à observer, voir et percevoir dans votre corps, où se trouve cette énergie, ce stress, cette tension, cette part qui n'attend qu'à être rendue, qu'à être donnée.

Imaginez-vous en face de cette personne, ou de vous-même. Imaginez-vous prenant une grande inspiration et, allant chercher au plus profond de vous ce que vous avez décidé de garder pendant tellement longtemps. Parce que très souvent ne pas pardonner c'est simplement garder en soi de nombreuses choses, qui ne nous font pas du bien et, si vous êtes là aujourd'hui, c'est que vous souhaitez aller bien, être mieux, vous sentir de mieux en mieux dans votre quotidien et vous en êtes capable. Vous en êtes complètement et pleinement capable, pour cela, il va simplement savoir aller chercher au fond de vous cette part, ce poids, cette sensation, cette perception que vous gardez. Cela peut être des images, cela peut être des scènes, cela peut être des mots, des verbes, des sensations, des perceptions, cela peut représenter énormément de choses et, ce sera à vous, dans quelques instants, d'aller juste saisir cette partie de vous pour l'extraire de votre vie. De votre corps, de votre esprit, de votre passé, de votre présent et de votre futur. Comme si vous étiez en train de faire une opération chirurgicale de l'esprit et des émotions, des souvenirs.

Comme si vous décidiez maintenant, de restaurer une partie de vous et de vous dire, je n'ai plus besoin de garder ce poids. Je n'ai plus besoin de garder cette part en moi. Peut-être que tout a un sens jusqu'à aujourd'hui et, vous pouvez prendre un instant pour simplement avoir de la gratitude d'avoir tenu pendant si longtemps ce poids, cette part de ne pas avoir réussi ou voulu la donner et, simplement, vous savez que vous l'avez fait pour des raisons certainement très justes. Seulement aujourd'hui, vous reprenez le lead de votre vie. Vous reprenez la direction qui vous semble la plus juste à partir de maintenant et pour cela, vous avez décidé et vous décidez maintenant, que vous allez rendre cette part. Que vous allez l'extraire de vous et puis petit à petit, la redonner symboliquement à cette personne, cette situation, cette part de vous qui est dépassée, qui est passée et qui simplement va pouvoir récupérer cette part.

Prenez une grande inspiration et simplement, vous allez imaginer que vous allez à l'intérieur de vous et que vous trouvez maintenant dans une zone de votre corps ou de votre esprit cette part à donner, ce pardon. Ce pardon que vous avez besoin de faire et, vous allez le faire concrètement, vous allez le faire physiquement, vous allez le faire émotionnellement et mentalement. Vous allez chercher à l'intérieur de vous et, si vous le souhaitez, même maintenant, vous pouvez poser une de vos mains sur votre corps, là où se trouve cette tension, ce passé, ce stress, cet élément qui aujourd'hui va pouvoir simplement être rendu. Maintenant que vous êtes en contact avec cette part, vous allez imaginer que vous l'enlever, vous la retirez, vous l'extrayez de vous, simplement vous prenez ce temps, cet instant avec plaisir comme si vous étiez en train de dire au revoir à cette tension, cette pression, cette sensation et vous donner petit à petit ce droit d'être plus libre et de créer une nouvelle émotion positive à l'intérieur de vous.

Maintenant, vous tenez cette part dans la main, peut-être dans vos deux mains, parce que cette part peut être lourde, peut être ancienne et pesante et vous allez imaginer que vous allez tendre vos bras jusqu'à rendre à ce symbole, à ce passé, à cette personne, à cette part de vous dépassée et simplement, en tendant petit à petit, vous êtes en train de rendre votre part, de donner cette part, de pardonner et simplement, respirez en vous et répétez-vous, je donne cette part, je retire définitivement cette part en moi, ce poids en moi, cette sensation en moi, ce stress en moi et je la donne, je la rend, je coupe le lien avec ce que j'ai pu garder et je crée de l'espace, un espace de liberté, un espace d'expérience, un espace positif pour moi à partir de maintenant.

Et là, imaginez juste que la personne, l'événement ou cette part passée de vous, récupère ce don, ce don de vous et, à ce moment-là, quand la part est donnée, vous êtes beaucoup plus apaisé. Dans quelques instants, cette part et cette situation, cette personne ou cet ancien vous, disparaît maintenant. Vous sentez à l'intérieur de vous plus de liberté, comme si vous aviez maintenant la possibilité d'avoir une part juste. Une part pleine de possibilité, une part qui n'attend que de nouvelles choses positives et pour cette fois, vous allez vous donner une part. Vous allez vous donner une part de quelque chose de doux, de bon, d'apaisant, de souriant, quelque chose qui, en tout cas maintenant, vous fait du bien et par ce don vous arrivez à un pardon et simplement avec ce petit sourire qui est en train de grandir à l'intérieur de vous ou est sur votre visage, vous allez vous autoriser à revenir dans quelques instants dans l'ici et maintenant. Je vais compter de un à cinq, à cinq vous ouvrirez vos yeux, plein d'énergie en vous sentant plus libre, plus libéré d'avoir pardonné. Un, deux, trois, prenez une grande inspiration, quatre étirez-vous et cinq, ouvrez les yeux ici et maintenant.

10/ Routine pour aider les femmes à avoir des enfants / Méthode du soleil

Cette routine a pour but d'aider les femmes à avoir un enfant.

Prenez une grande inspiration et à l'expiration, fermez vos yeux. Focalisez-vous sur cette idée que vous pouvez avoir un enfant. Focalisez-vous sur cette idée que vous souhaitez avoir un enfant. Focalisez-vous sur cette idée que votre être a la capacité de procréer. Pendant quelques instants je vais vous demander, simplement, de vous focaliser sur cette idée, sur cette gratitude de ressentir pour vous la vie. Parce que c'est vous maintenant qui vivez, c'est vous qui avez ce pouvoir de créateur de vie en vous. Qu'importe la situation ou qu'importe ce qui était dit, ayez simplement confiance dans cette notion qui est la vie.

Alors pendant quelques instants, prenez conscience de tout votre corps. Prenez conscience de votre esprit et de votre état à cet instant et simplement, remerciez-vous. Dites-vous merci d'avoir ce corps. Merci d'être aujourd'hui dans ce désir profond d'avoir un enfant. Merci dans ces possibilités qui vous sont offertes de pouvoir avoir un enfant. Qu'importe ce qui a été dit, qu'importe les difficultés que vous avez pu vivre, laissez-les simplement aller. Imaginez simplement que c'est un ensemble d'énergie et de stress qui vous a été mis à l'intérieur de vous et que simplement, ça, vous n'en avez pas besoin. Mettez à distance tous les mots ou toutes les croyances négatives vis-à-vis de ce que vous souhaitez faire. Vous souhaitez donner la vie et en plus donner de la valeur à votre propre vie, vous avez la possibilité de donner cette valeur de vie. Imaginez simplement que vous êtes comme une étoile qui au bout du compte est un soleil et ce soleil peut partager la vie.

Ce soleil peut éclairer la vie. On sait que naturellement les étoiles se diffusent et c'est exactement ce que vous allez faire. Vous allez diffuser cette vie au travers de vous pour créer une nouvelle vie.

Imaginez simplement à quel point vous êtes vivante. A quel point vous aimez la vie et, à quel point vous souhaitez partager et offrir cette vie. Respirez profondément et, une fois de plus, dites-vous merci, merci d'être en vie, merci de pouvoir procréer et merci de pouvoir mettre au monde un enfant. Imaginez simplement que c'est comme si vous étiez prête à vouloir partager un rayon de soleil. Ce rayon de soleil c'est un rayon de vie alors, maintenant, imaginez cette énergie solaire qui est en vous. Imaginez simplement toute cette lumière qui est en vous, cette lumière qui est liée à votre amour et, imaginez dans quelques instants que vous allez l'accroître de plus en plus. Permettre à votre esprit, à votre corps de créer un rayon de soleil qui permettra de donner de la vie, de l'amour, du partage.

Respirez profondément et simplement imaginez que vous êtes en train de diffuser cette chaleur d'amour, cette envie, imaginez également que cette chaleur et cette lumière sont en train, petit à petit d'effacer tous les mots qui vous ont été dit, les croyances qui vous ont été imposées, ou même, les circonstances et les différentes expériences négatives que vous avez pu avoir jusqu'à présent. Imaginez simplement que, c'est comme si ce soleil était en train de, petit à petit, prendre de la place en vous et de laisser toutes les ombres, et que tout ce qui vous pèse émotionnellement, physiquement, psychiquement, commençait à s'évacuer, disparaître. Imaginez simplement que ces ombres s'évaporent et simplement dans votre esprit, vous êtes focalisée sur cette idée. Je suis capable. Je peux, je veux, j'aime la possibilité maintenant de pouvoir mettre au monde un enfant, un enfant en parfaite santé et qui me laisse également en parfaite santé.

Comme si vous sentiez cette énergie. Vous pouvez la sentir dans tout votre corps. Vous pouvez orienter ce rayon de vie là en vous, là où va venir se loger l'enfant et, imaginez qu'à chaque fois que vous allez aimer avec votre partenaire, vous vous donnez cette lumière pour petit à petit laisser la vie prendre place. Imaginez que peut être jusqu'à présent pour une raison ou une autre, il y avait comme une forme d'ombre et d'obscurité qui aussi bien physiquement que physiologiquement vous bloquaient. C'est un peu comme le matin, on est à l'aurore et vous voyez que, après une nuit dense, il y a à travers des arbres cette lumière, ce soleil, cette chaleur qui va venir éveiller, réveiller tout l'être, toute cette énergie de vie, toute cette énergie naturelle qui attend simplement à vivre son cycle de renaissance et de création. Alors imaginez simplement petit à petit toutes ces ondes d'ombre s'effacer, ces peurs et ces angoisses, s'envoler. Cette confiance en vous et votre capacité naturelle puissante de pouvoir donner la vie et remerciez-vous maintenant pour cette capacité-là. Je sais et je vais donner la vie. Je sais et je vais éclairer ma vie, la vie et la donner et la partager. Imaginez simplement que votre esprit devient de plus en plus solaire, de plus en plus lumineux. Votre corps également comme si ces rayons de vie étaient en train de vous donner toute cette possibilité de vous permettre, à partir de maintenant, de pouvoir mettre au monde en parfaite santé un enfant. Laissez simplement les émotions positives prendre place en vous et c'est comme si votre corps commençait à ressentir la puissance de ces rayons, la puissance de cette lumière, la puissance de cet amour et de l'amour que vous voulez partager et transmettre et vous laissez toutes ces peurs, tous ces mots, tous ces diagnostics ou angoisses qui ont pu être partagés, vous les laissez s'envoler, pour ne laisser place qu'à cette certitude qui va se développer, un peu plus aujourd'hui, demain et les jours qui vont venir et, à chaque fois que vous allez prendre plaisir, pour simplement avoir un enfant, cette idée et cette gratitude deviennent de plus en plus présentes, vous vous remerciez pour ce que vous êtes.

Vous donnez de la lumière à ce que vous êtes, à qui vous êtes, à ce que vous souhaitez et à la façon dont vous allez laisser cette énergie divine se relayer au travers de vous.

Vous êtes ce soleil et vous partagez simplement maintenant ces étincelles de vie, vous partagez ces rayons de vie qui vont, petit à petit, prendre place en vous, prendre place naturellement, parfaitement en vous et quoi qu'il arrive, votre esprit reste ouvert, positif. Vous savez que vous pouvez chasser, à n'importe quel moment, les ombres pour ne donner qu'une lumière de vie, une lumière de naissance, une lumière d'amour qui va se développer secondes après secondes, minutes après minutes, heures après heures, jours après jours, vous laissant la joie, le bonheur et la possibilité à tout votre corps et votre esprit de pouvoir mettre au monde un enfant en parfaite santé.

Respirez profondément et remerciez-vous de cette session que vous venez de faire. Vous savez que dans les minutes, les heures, les jours, les semaines et les mois à venir, tout votre être va être complètement orienté pour ce partage, ce don, ce rayon d'amour, ce rayon de vie pour donner la vie. Dans quelques instants je vais compter de un à cinq et à cinq, ouvrez vos yeux plein de force et d'énergie, prêt à continuer votre journée.

Un, deux, trois, respirez profondément, quatre étirez-vous et cinq, les yeux ouverts, ici et maintenant.

11/ Routine pour un accompagnement à l'Accouchement

Cette routine a pour but d'aider les futures mères à préparer leur accouchement.

Prenez une grande inspiration et simplement fermez vos yeux. Pendant ces quelques instants, posez vos mains sur votre ventre. Laissez simplement cette connexion entre vous et votre petit se faire. Je vais décompter de dix à un et entre chaque chiffre, imaginez que vous êtes en train de rentrer dans une bulle de confort, une bulle qui vous permet d'être complètement centré sur vous et sur votre enfant.

10, 9, 8... Simplement imaginez toute cette connexion qui se met en place et surtout cet apaisement qui est en train de prendre complètement cette place en vous, pour vous et avec vous.

7, 6, 5... Vous savez qu'à un vous allez être pleinement et entièrement en phase avec vous-même et avec cette idée de mettre au monde cet enfant.

4, 3, 2, 1... Très bien. Maintenant, respirez profondément et réorientez-vous vers cette idée simple, je vais gérer parfaitement mon accouchement. Laissez raisonner ces quelques mots à l'intérieur de vous. Imaginez-vous déjà en train de commencer le travail mais simplement donnez-vous le droit de vivre tout cela non pas en douleur mais en sensation, juste des sensations que vous allez pouvoir gérer. Des sensations que vous allez pouvoir contrôler comme si vous étiez en train de vous préparer à piloter votre accouchement.

Respirez profondément et en même temps que vous allez vous imaginez dans ce contexte-là, prévenez votre enfant que tout ça n'est que simulation et qu'il peut lui aussi commencer à se préparer à arriver d'ici quelques mois dans la vie.

Respirez profondément et maintenant, imaginez-vous en train de commencer à vivre des contractions et à l'inverse de tout ce que vous avez pu lire ou tout ce qui a été dit, centrez-vous sur vous. Répétez-vous simplement : Je vais vivre cet instant pour moi et pour mon enfant. Je vais le vivre pleinement tout en vivant les sensations avec justesse, sans excès. Je vais gérer ces sensations pour me laisser le droit sur une échelle de un à dix au niveau de la douleur de rester autour de quatre ou cinq sans pour autant souffrir. C'est dans cela que le mot sensation remplacera petit à petit dans votre tête le mot douleur. Vous vous donnez le droit de ressentir, pour autant vous n'allez pas souffrir, juste vous donner cette possibilité d'être bien, d'être confortable, d'être en phase, de vous offrir la possibilité, à partir d'aujourd'hui, d'être de mieux en mieux et d'être confortablement installé dans ce moment de vie, de partage, de découverte.

Respirez profondément et autorisez-vous, autorisez votre subconscient à accompagner cette démarche, votre démarche vers un moment qui va être extraordinaire pour vous et pour votre enfant, un moment d'amour qui vous permet d'être pleinement et entièrement en phase. Pleinement dans une gestion possible de tout ce que vous allez vivre. Imaginez que vos contractions sont simplement des signaux que vous allez accepter et accompagner. Comme si vous étiez dans le temps parfait, le timing nickel pour que tout continue à avancer comme la vie le désir.

Vous êtes à ce moment-là connecté à la source de vie, à votre source de vie, à sa source de vie et vous êtes dans le bon timing, ni trop en avance, ni trop en retard, comme si vous étiez dans le flux parfait de l'accompagnement dans un état de bienveillance et une expérience pleine de sensations positives et grandioses pour vous. Vous permettant de mettre naturellement, facilement au monde, cet enfant.

Respirez profondément et imaginez maintenant que votre travail a commencé et simplement vous êtes centré sur votre capacité à gérer ce qui se passe dans votre corps et d'accompagner ce petit être à la vie et vous êtes comme dans une bulle. Une bulle légère, une bulle agréable, une bulle qui vous permet de vous sentir au bon endroit, au bon moment et que toutes les sensations qui arrivent sont juste là pour vous informer que tout se passe bien, tout se passe bien, tout se passe parfaitement bien et vous autorisez, vous, dans votre esprit, vos émotions et votre corps à laisser aller complètement cet instant, à donner tout ce que vous êtes avec bienveillance et douceur à votre enfant et l'accompagner dans ce qu'il y a de plus extraordinaire à cet instant-là.

Vous respirez profondément et simplement, vous êtes en train de répéter, je suis dans ma bulle, je gère complètement cet instant, je sais que je n'irai pas ailleurs que là où je suis prêt à aller et je vis tout cela dans des sensations positives, des sensations qui me permettent de ressentir ce qui se passe tout en étant pleinement conscient que cela ne dépasse pas ce que je ne veux vivre et vous vous donnez à ce moment-là de plus en plus de douceur. Vous vous donnez de plus en plus le droit de vivre ce moment comme une expérience extraordinairement positive, extraordinairement positive, extraordinairement positive et totalement propre à ce que vous désirez. Vous désirez vivre un accouchement avec un maximum de belles émotions, de bonnes sensations et vous vous donnez ce droit-là.

Les jours, les semaines et les mois qui vont arriver, vont vous permettre de vous préparer de façon juste à cet instant et le moment où tout cela va arriver, c'est comme si tout allait naturellement se faire dans le bon timing et la bonne énergie. Vous allez vous sentir complètement centrée, concentrée et dans une gestion parfaite de tout ce qui est en train d'arriver. Vous vous autoriser à vivre votre accouchement de manière positive, de vivre cet instant pleinement et à garder un merveilleux souvenir de cet instant-là, de ressentir, de mettre la vie tout en ayant des sensations juste pour vous, complètement acceptables et gérées.

Respirez profondément et donnez-vous cette autorisation. Allez au-delà de tout ce que vous avez lu, tout ce que vous avez entendu. Vous décidez, vous préparez et vous mettez en place ce que vous allez vivre. Vous orientez votre esprit et votre corps, vous orientez votre enfant vers ce travail d'équipe que vous allez mettre en place, un travail agréable, positif, extraordinaire et surtout dans toutes les possibilités que vous avez de faire cela de manière juste pour vous et pour lui.

Respirez complètement et donnez-vous quelques instants avec votre enfant pour lui dire, je suis prête à t'accueillir, je suis prête à te mettre au monde, je suis prête à ce que tout cela se passe dans des sensations positives, justes et les plus agréables possible. Très bien. Dans quelques instants, vous allez revenir dans l'ici et maintenant et vous savez que vous pourrez travailler encore cette préparation pour être au mieux ce jour qui est tellement attendu par vous et par votre enfant, dans une sérénité et un bien être profond.

A cinq vous ouvrirez les yeux avec plein de force et d'énergie, prête à continuer votre journée. 1, 2, 3... Etirez-vous complètement... 4... Respirez profondément, remerciez votre enfant de vous avoir accompagné pendant ces quelques minutes et dites-lui simplement que tout va parfaitement bien se passer et écoutez son retour plein d'amour vis-à-vis de vous.

5... les yeux ouverts, ici et maintenant.

12/ Routine pour débloquer sa vie / Méthode le fleuve du temps

Cette routine a pour but d'aider les personnes à débloquer des phases de leur vie.

Prenez une grande inspiration et faites comme si vos paupières se fermaient, se collaient. Une fois que vous êtes sûr que vous avez collé vos paupières. Vous faites comme si vous ne pouviez plus les ouvrir et vous allez essayer de ne plus les ouvrir en vous permettant d'être complètement bien. Pendant tout ce laps de temps que va durer cet audio.

Respirez profondément et simplement imaginez que vous êtes en train de vous éveiller de vous élever à vous-même. Je vais compter de un à dix et à dix, vous vous sentirez complètement apaisé, allégé, reconnecté à votre source, à une énergie profonde en vous ou autour de vous. Qu'importe la dénomination que vous prenez, vous savez qu'à dix et seulement à dix vous allez avoir et percevoir cette sensation d'apaisement, de légèreté et de profonde connexion à vous-même.

1, 2, 3... Simplement, respirez naturellement, ne forcez rien, juste laissez les choses faire. Laissez la grandeur de votre esprit s'éveiller encore et encore, laissez votre corps s'orienter là où c'est le plus agréable pour lui. Laissez simplement faire ce que vous souhaitez vraiment, c'est-à-dire, débloquer les phases de votre vie à avancer, évoluer et grandir.

4, 5... Vous savez qu'à dix vous serez pleinement connecté, pleinement apaisé, pleinement prêt à évoluer, à avancer sur le fleuve du temps.

6, 7, 8... Respirez profondément et accueillez, simplement répétez-vous ces quelques mots : je m'accueille dans cet état d'éveil de moi-même, de mes possibilités et capacités.

9 et 10. Maintenant vous allez simplement laisser aller votre esprit, votre corps et tout votre être en direction d'un lieu au milieu de la nature. Un lieu que vous n'avez jamais visité, peut-être à la fois très connu et à la fois nouveau. Respirez profondément et c'est comme si vous atterrissiez au bord d'un fleuve au milieu de la nature. Si votre esprit vous a emmené ailleurs, peut-être dans une ville ou dans un endroit qui vous convient mieux, ne forcez rien. Laissez simplement le flot de vos pensées, le flot de mes mots vous entraîner là où votre subconscient estime que c'est le plus juste pour vous aujourd'hui. Respirez profondément et simplement vous allez observer ce fleuve. Vous allez vous rendre compte que d'un côté, un peu plus haut, voire vraiment plus haut, il y a comme une cascade et vous voyez le courant venir depuis cette cascade, descendre, passer devant vous et puis descendre encore plus bas, vraiment plus bas comme si ce fleuve était long, très, très, long.

Prenez simplement le temps de regarder et d'observer ce fleuve. Depuis des années, sans vous en rendre compte vous avez pris beaucoup de temps à observer votre vie. Sans vous en rendre compte, vous avez pris beaucoup de temps à être sur ce rivage, en train de laisser passer des parties de votre vie, des personnes, des expériences, des sensations. Bien sûr, certains d'entre vous ont été beaucoup plus actifs, certains d'entre vous ont été même trop actifs. Ils sont entrés d'un coup dans ce courant et ont voulu se tenir, se retenir, rester là face à cette puissance qui est le courant du temps et parfois même cette fraîcheur, voire même cette froideur que peut représenter le temps. Ce temps qui ne s'arrêtera jamais quoi que vous viviez, quoi que vous fassiez à l'intérieur de vous. Juste le temps est et continue son fléau, irrémédiablement.

Respirez profondément et là, vous qui êtes à coté de ce fleuve, je vais vous demander à trois de plonger dedans et de vous retrouver au milieu. Vous savez que vous allez être relativement en phase. Relativement car vous allez quand même sentir cette puissance et vous savez simplement, que vous êtes en train d'expérimenter votre capacité à vous débloquer, à grandir, à évoluer dans votre vie dans votre quotidien.

1, 2, 3... Maintenant. Vous êtes au milieu de ce fleuve. Ce fleuve est puissant. Vous pouvez ressentir que depuis des années peut-être vous êtes en train de lutter contre cette puissance, contre ce temps qui passe, contre cette énergie de vie. Alors peut être que le temps n'existe pas vraiment, peut-être simplement que le temps n'est qu'une énergie, une source qui passe à son rythme et que peut-être depuis très longtemps vous êtes en train de lutter pour rester sur place pour que rien ne change, pour que le changement aille où vous vouliez vous. Comme si, vous décidiez que vous étiez absolument maître de cette énergie alors que depuis des années, vous sentez peut-être cette fatigue, cette latitude, et puis tout ce que cela engendre, ce stress, ces pensées excessives, ces maladresses, ces décisions parfois qui manquent d'intelligence, alors laissez simplement pendant quelques instants toutes les expériences que vous avez pu vivre. Laissez-les simplement derrière vous. Vous allez vous retourner et vous allez regarder simplement là où se dirige le courant. Imaginez simplement que vous laissez derrière vous ce qu'il y a à laisser derrière vous. Peut-être que vous avez l'habitude de le voir sur des fleuves ou sur des courants d'eau, vous allez percevoir des amas de détritus naturels, simplement des arbres ou des branches ou des feuilles ou tout autre chose qui stagnent, bloqués à un endroit plus haut. Imaginez simplement que cela représente ces épreuves, ces pensées, ces actes passés qui aujourd'hui n'ont plus aucun intérêt pour vous et qui peut-être vous bloquaient. C'était comme si vous souhaitiez remonter le temps pour aller simplement débloquer cet endroit, ce lieu.

Là où le courant ne parvenait plus à retirer tout ce dépôt et depuis des années vous luttez contre ce courant pour simplement permettre que tout redémarre, que tout retourne dans un flot, alors que vous pouviez simplement les laisser là et je vais vous demander, aujourd'hui, simplement de laisser ces pensées, ces sensations, ces expériences, toutes ces choses négatives, toutes ces choses qui vous ont limité, toutes ces choses qui vous ont ennuyé, que vous avez détestées peut-être bloquées là-bas. Et vous voyez déjà que c'est loin, en réalité vous ne vous êtes pas rendu compte à quel point c'est très loin et que vous luttez contre un courant qui ne vous veut pas de mal, simplement vous faire avancer. Alors vous allez respirer profondément maintenant que vous avez le dos à ces problèmes que vous connaissez, ce n'est pas comme si vous ne vouliez pas les voir, c'est juste que vous vous êtes battu pour aller chercher quelque chose qui n'est plus dans l'ici et maintenant et je m'autorise à partir de maintenant à débloquer mes situations, à débloquer ma vie, à débloquer mon corps et me laisser aller pleinement et complètement.

1, 2, 3... Maintenant vous allez lâcher, vous allez sentir que le courant vous emporte. Vous allez sentir le courant qui vous emporte, mais peut-être, pour une première fois depuis très longtemps, vous allez sentir comme un apaisement, comme un soulagement vous n'avez plus besoin de tenter de remonter le temps, de le bloquer, de le laisser à un endroit pour vous souvenir, pour ressentir, pour être ce que vous étiez, vous êtes aujourd'hui dans l'ici et maintenant. Vous êtes aujourd'hui dans cette capacité à avancer et vous commencez à aller vers ce présent qui est dans ce flot. Le présent n'est pas dans le passé, le présent n'est pas dans le futur, le présent n'est pas plus loin mais simplement dans cette douce énergie qui vous emporte complètement, vous permettant de nettoyer à la fois autour de vous et à l'intérieur de vous, toutes vos pensées, vos sensations, vos perceptions, et vous laissant pleinement bien.

Comme si ce flot, vous emmenait pour la première fois là où tout doit aller. Là où votre vie est orientée et vous pouvez décider d'aller plus vers le bord, de parfois vous y arrêter ou simplement de plonger plus profond. Vous choisissez simplement, vous ne vous opposez plus. Vous êtes un avec ce courant, ce temps et cette vie.

Respirez profondément et simplement pendant quelques instants, vous allez vous laisser encore emporter et à partir de maintenant vous allez garder et ancrer cette idée en vous. La garder en vous, la garder fortement comme si vous étiez juste dans ce flot, ni trop vite ni trop lent. Dans cet instant parfait où le temps devient le moment présent et vous êtes maintenant dans ce moment présent. Il va se développer encore et encore comme si vous étiez en train de capter tous les instants présents et devenir pleinement et simplement, complètement, un nouveau vous à chaque instant, plein de votre histoire, prêt à toutes les nouvelles histoires.

Dans quelques instants vous allez ouvrir les yeux. Je vais compter de un à cinq, vous serez plein de force d'énergie comme débloqué ou délié de quelque chose.

Respirez profondément; 1, 2, 3... Etirez-vous complètement... 4... Respirez bien et 5, les yeux ouverts ici et maintenant.

13/ Routine pour lâcher prise et vivre / Méthode du Grand 8

Cette routine a pour but d'aider les personnes à lâcher prise et à vivre plus positivement leur quotidien.

Inspirez profondément et à l'expiration, fermez vos yeux. Faites comme si vous étiez totalement détendu, relâché et relaxé. Imaginez juste que vos paupières sont collées, complètement collées à tel point que si vous imaginiez de les ouvrir, vous n'y arriveriez pas et qu'à partir de ce moment-là vous savez naturellement, facilement et complètement que vous êtes prêt à lâcher de plus en plus prise en vous, pour vous et avec vous. Dans quelques instants je vais décompter de dix à un. Entre chaque chiffre, je vais vous demander de faire comme si vous doubliez votre état de relaxation. Doubler cet état c'est simplement s'ouvrir et mieux se connecter à soi-même. Alors qu'importe que ça se fasse physiquement ou mentalement, laissez-vous aller vers vous-même, pour vous et avec vous.

10, 9, 8... Respirez profondément et faites comme si vous étiez plus en phase, plus connecté, plus ouvert.

7, 6, 5... Vous savez qu'à un, vous serez vraiment connecté à vous, uni et aligné. Comme si vous étiez en train de vous programmer. Comme si vous étiez en train de vous écouter. Comme si vous étiez en train d'être en phase avec vous.

4, 3... Respirez profondément et juste motivez-vous, orientez votre esprit vers cette idée toute simple de lâcher prise. Qu'importe comment, qu'importe sa forme, juste cette confiance qui se développe seconde après seconde, à l'intérieur de vous pour naturellement, quotidiennement lâcher de plus en plus prise.

2; respirez profondément;1... Maintenant, vous êtes connecté à vous-même, qu'importe la sensation que vous avez maintenant, le plus important est de savoir que vous êtes capable de lâcher prise et pour cela, vous n'avez pas besoin de faire d'efforts. Vous n'avez pas besoin de chercher à lâcher prise, non, aujourd'hui vous allez apprendre à accepter le grand 8 de la vie. Ce grand 8, vous allez faire le choix d'y aller simplement parce que vous avez décidé, vous avez choisi en écoutant cet audio mais certainement bien avant, que vous vouliez lâcher prise et vivre plus pleinement cette vie, vivre plus pleinement ce quotidien. Vivre plus pleinement avec vous dans vos émotions, qu'elles soient élevées ou basses, simplement ces douces variations qui vous permettent de sentir, ressentir, percevoir et agir dans ce quotidien, votre quotidien. Donc, dans quelques instants, naturellement vous allez sentir que vous approchez de ce grand 8, c'est comme s'il y avait là un endroit où vous pouvez vous poser. Vous allez rentrer dans ce grand 8 et vous savez que c'est votre lieu, votre endroit pour votre vie. Ce grand 8 il est unique, il n'appartient qu'à vous. C'est celui de votre vie et vous allez vous asseoir tranquillement.

3, 2, 1... Maintenant, vous êtes assis et vous allez sentir que tout commence à se faire mieux. Mais pour une foi, vous avez le sourire parce que comme un grand 8 vous allez simplement vous laisser aller. Alors bien sûr, comme dans la vie, vous pouvez vous sécuriser, pas d'excès, simplement tout ce qu'il faut pour que vous soyez bien maintenant. Vous pouvez descendre la dite sécurité et vous savez que, vous êtes maintenu dans la vie, maintenu dans le grand 8 et qu'à partir de maintenant, le grand 8 démarre. Il démarre et vous commencez à sentir qu'il monte.

Quand il monte c'est comme si, il y a des émotions positives, agréables, des grandes sensations qui commencent à s'éveiller, à s'élever et que peut-être jusqu'à présent, vous vouliez les contrôler, peut être que jusqu'à présent, vous vouliez tenir, tenir, mais là ce n'est pas vous qui contrôlez ce grand 8, ce n'est pas vous qui contrôlez cette vie. Par contre, aujourd'hui vous allez apprendre à développer une capacité extraordinaire. Celle de contrôler ce que vous vivez à l'intérieur de vous. La façon dont vous allez recevoir ce que ce grand 8, ce que ces sensations, ce que ces émotions vont vous procurer. Alors ça monte, ça monte de plus en plus et vous sentez que vous respirez parce que vous avez envie de vivre, vivre ces émotions, vivre ces variations, vivre ces déséquilibres pour mieux vous rééquilibrer. Vivre ces moments, ces instants, ces rencontres, ces croisements pour simplement, complètement, laisser votre être s'exprimer, vivre et être en phase. Là vous êtes au sommet d'une des montagnes et d'un coup ça descend et vous sentez toute cette émotion qui arrive à l'intérieur de vous, parfois il y a de la peur, parfois il y a du stress, par contre il y a aussi cette énergie, cette envie, cette jouissance de sentir toutes ces émotions aller et venir et petit à petit, à mesure que ça tourne que ça avance, que vous faites des loopings, que ça remonte et que ça redescend, vous êtes en train de ressentir et de percevoir en vous que c'est vous et seulement vous qui choisissez si vous avez peur, si au contraire, vous êtes stimulé, si au contraire vous êtes joyeux, vous souriez ou vous criez de joie. Et la simplement, vous allez vous rendre compte, qu'importe que dans quelques instants vous viviez ce looping qui fasse un, deux, trois, quatre tours, vous êtes simplement en train de vivre en vous la façon dont vous souhaitez gérer ces instants.

Et dans cette vie, c'est comme si vous étiez dans ce grand 8 en montant, en descendant, en faisant des loopings, en accélérant ou en freinant, toujours en suivant ce rythme de la vie qui vous emporte et qui vous emmène, et qui vous permet, à partir de maintenant, de ne plus décider tout à chaque instant mais simplement de choisir à l'intérieur de vous ce que vous pouvez gérer, ce que vous pouvez contrôler. Vous ne pouvez pas contrôler les gens, les situations, les moments, vous ne pouvez pas contrôler ce grand 8 qui là s'accélère ou ralentit. Vous pouvez simplement contrôler et accueillir ce que vous êtes en train de vivre et l'orienter vers ce que vous souhaitez vivre. Vous avez jusqu'à maintenant, maintenu, tenu des éléments de la vie que vous ne pouviez contrôler et là aujourd'hui vous allez lâcher tout ça pour simplement apprendre à contrôler vos émotions, vos sensations, vos perceptions. Comme si vous décidiez à partir de maintenant, quel filtre vous vouliez avoir sur les photos de votre vie, quel filtre vous voulez avoir sur la musique de votre vie, quel filtre vous souhaitez mettre dans les sensations de votre vie et vous allez vous rendre compte que maintenant en descendre, c'est comme si c'était de la joie et monter c'est vous donner encore plus de stimulation pour à nouveau revivre et lâcher petit à petit tout ce stress et ces angoisses que vous ne pouvez pas contrôler parce que jusqu'à aujourd'hui, vous vouliez contrôler un élément extérieur à vous, là, à partir de maintenant, vous lâchez, lâchez, lâchez complètement et surtout vous vous retrouvez connecté à vous et à vos programmes et à vos filtres et à ce que vous décidez, ce que vous choisissez. Dans quelques instants vous allez finir par le grand final de ce grand 8. Vous allez faire des loopings, vous allez accélérer, vous allez monter pour redescendre rapidement pour simplement prendre plaisir, plaisir, plaisir de prendre conscience que c'est vous et votre façon de percevoir les choses qui vous permet de lâcher, lâcher complètement, ces instants, ces moments, et prendre plaisir à accueillir ce qui vient et de vous adapter de la manière la plus juste pour vous, en vous et avec vous.

Je vais compter de un à cinq. A cinq, vous reviendrez dans l'ici et maintenant, plein d'énergie, de force, de confiance et avec ce petit plus, cette capacité à décider quel filtre de la vie vous allez mettre en vous.

1, 2, 3... Vous vous étirez, vous prenez de la place dans votre corps, autour de vous, pleinement et complètement.

4... Respirez profondément plusieurs fois, stimulez votre corps et bougez dans tous les sens et 5, les yeux ouverts, ici et maintenant.

14/ Routine pour lâcher prise et vivre – Méthode Relâcher

Cette routine pour but d'aider les personnes à lâcher prise.

Prenez une grande inspiration et fermez vos yeux. Pendant quelques minutes, vous allez naturellement mettre en place une nouvelle idée à l'intérieur de vous. Peut-être depuis des semaines, des mois, des années vous êtes fixé sur cette idée de lâcher prise. Peut-être l'avez-vous lu dans des journaux ou peut-être vous êtes-vous intéressé à ce sujet: je dois lâcher prise.

Respirez profondément et naturellement vous allez vous rendre compte que lâcher prise n'est pas le problème. Vous allez vous rendre compte que depuis des années vous cherchez à contrôler votre lâcher prise. Vous allez vous rendre compte qu'en réalité, plus vous cherchez à lâcher prise, plus vous contrôlez, et plus vous évitez de lâcher prise. Dans quelques instants je vais vous demander d'imaginer que vous vous élevez de plus en plus haut comme si vous étiez en train de vous voir, souhaitant de lâcher prise.

1, 2, 3...Imaginez simplement que vous êtes déjà au-dessus de votre corps et qu'à chaque chiffre vous êtes juste en train d'observer, de vous rendre compte que depuis des années en vous imposant à lâcher prise, vous ne faisiez que resserrer la prise.

4, 5... Vous savez qu'à dix, vous aurez une perspective nouvelle, une nouvelle capacité à vous rendre compte que vous êtes capable de re lâcher prise. Et vous allez vous rendre compte que lâcher prise et relâcher sont deux choses différentes.

6, 7... Respirez complètement, imaginez que vous preniez de plus en plus conscience de tout ce qui se passe à l'intérieur de vous en même temps dans vos cheminements, dans vos schémas, imaginez juste que cette prise de conscience est en train d'ouvrir un nouveau circuit, un nouveau schéma, un nouveau modèle.

8, 9... Respirez complètement, dix. Maintenant vous pouvez observer, comprendre, percevoir. Vous pouvez être plus présent à vous, plus lié à votre attention et maintenant vous allez mettre votre intention pour bien ressentir à l'intérieur de vous que le chemin qui s'ouvre à vous est dans le relâchement. Le relâchement n'est pas être totalement détendu. Le relâchement ce n'est pas non plus chercher à être complètement amorphe. Aujourd'hui vous allez simplement trouver le chemin le plus juste pour vous pour relâcher la prise. Vous avez peut-être perçu dans tous les ouvrages que vous avez lu, dans toutes vos croyances quand lâchant prise vous alliez être emporté par un flux de vie qui va vous apporter des choses belles, bonnes, et positives. En cherchant cette voie, vous n'avez cessé de fermer ouvrir, fermer ouvrir vos mains, votre esprit, votre corps et jamais nous ne laissiez le flux de la vie venir vous proposer de nouvelles opportunités. Imaginez simplement que c'est comme si vous étiez en train de tenir une corde depuis des années et que à chaque fois vous disiez : je vais lâcher la corde et autre chose va se passer, je vais pouvoir tenir autre chose seulement à force de chercher à lâcher cette prise, vous avez eu peur de ne jamais rien récupérer, de ne jamais pouvoir retenir autre chose. Aujourd'hui vous allez simplement vous rendre compte que vous avez laissé du jeu, du lest. Vous allez lâcher la pression, vous allez relâcher la prise comme si la corde ou tout ce qui représente la vie, pourrait simplement vivre à son propre rythme et non pas que vous allez le contrôler ou au contraire le laisser complètement s'en aller mais au contraire vous allez l'accueillir, le suivre et créer un mouvement qui s'harmonise avec cette vie.

Vous relâchez cette prise et à chaque fois que vous aurez l'impression que votre esprit se bloque et que vous allez penser, je dois lâcher prise, simplement acceptez une partie de votre blocage et laissez avec confiance l'autre partie relâcher un peu la pression, relâcher un peu la prise pour vous rendre compte que dès lors, vous ouvrez multiples opportunités. Votre esprit va arrêter de se focaliser sur une seule chose et vous proposer petit à petit d'autres chemins, d'autres voies. Bien sûr, ce qui est intéressant c'est que vous aurez toujours une partie de ce qui vous incombe, vous importe en tête mais vous allez réussir à ne plus être simplement focalisé dessus. C'est comme si vous étiez en train d'ouvrir votre champ de perception comme si vous enleviez des œillères et que vous pouviez voir à 180 degrés. Votre lâcher prise devient un relâcher prise et à partir de ce moment-là, à aucun moment vous êtes dans un contrôle excessif. Vous accueillez simplement la capacité que vous avez à relâcher.

Alors pendant quelques instants, vous allez relâcher votre esprit, votre corps, ces idées, vos idées et laisser naturellement, tout ce qui vient à vous. A chaque chose qui arrive dans votre esprit ou dans votre corps ou dans vos émotions, vous allez les observer, les regarder, vous pouvez décider de les saisir ou de ne pas les saisir. Vous mettez en place de plus en plus d'opportunité ou de choix. Vous relâchez la pression, vous relâchez votre pression. Vous relâchez naturellement cette fixation et petit à petit, vous sentez que les prises de votre esprit s'ouvrent complètement et ce jeu devient de plus en plus agréable. C'est comme si vous aviez maintenant la possibilité de pêcher, que vous aviez votre canne qui est suffisamment souple pour aller prendre une plus grande prise et c'est à ce moment-là que vous allez vous rendre compte de votre souplesse qui jour après jour va se développer.

Peut-être aujourd'hui cela vous fait sourire, seulement vous allez vous rendre compte que votre esprit en se relâchant, en s'ouvrant à de plus en plus d'opportunité et en relâchant l'idée de lâcher prise, vous permet de nouvelles possibilités, de nouvelles opportunités.

Prenez une grande inspiration et simplement pendant quelques instants, laissez naturellement ce relâchement à l'intérieur de votre esprit. A l'intérieur de votre corps, ce relâchement à l'intérieur de vos émotions et même si vous ne sentez qu'un tout petit mouvement, accueillez-le, acceptez-le, observez-le. Vous avez de plus en plus conscience de tout ce qui se passe en vous avec cette capacité à relâcher et relâcher encore. Si dans les minutes, les semaines, les mois à venir, vous sentez que vous n'arrivez plus à vous relâcher, pendant quelques instants, imaginez-vous en train de relâcher votre corps. Comme si vous étiez en train de rebondir naturellement pour redonner de plus en plus de flexibilité à votre corps, à votre esprit et rapidement vous vous rendrez compte que c'est tellement simple de vous relâcher. C'est tellement simple de pouvoir tenir cette corde tout en vous laissant du jeu, que tout va se remettre en ordre naturellement, facilement et complètement.

Respirez profondément et dans quelques instants nous allons revenir dans l'ici et maintenant. Je vais compter de un à cinq et à cinq vous ouvrirez les yeux plus connecté, plus ouvert à vous.

1, 2, 3... Vous allez simplement vous étirer et encore une fois dans ce mouvement, trouver votre relâchement.

4.. Vous allez respirer profondément et relâcher les dernières tentions, les dernières prises et cinq, les yeux ouverts, ici et maintenant.

15/ Routine pour apprendre à se satisfaire

Cette routine a pour but d'aider les personnes qui projettent trop pour leur futur.

Prenez une grande inspiration et pendant quelques instants, faites comme si vos paupières étaient complètement collées. Imaginez simplement que vous êtes en train de vous diriger à l'intérieur de vous et d'aller vous programmer, vous reprogrammer ou même changer certains filtres de perception de votre quotidien. Très bien, maintenant vous allez simplement vous orienter vers un escalier intérieur qui va vous permettre de descendre en vous et pour vous et surtout vous stabiliser dans un état de bien-être, de mieux être.

Je vais décompter de dix à un et entre chaque chiffre simplement vous allez doubler votre état de connexion à vous-même.

10, 9, 8... Laissez simplement cet état être comme vous vous le permettez à partir de maintenant, d'être plus orienté vers votre réalité, vers l'instant présent.

7, 6, 5... Vous savez qu'à un, vous allez être plus connecté, plus ouvert à vos potentiels, vos possibles et avec cette intention première d'arrêter de projeter sur l'avenir des choses qui, au bout du compte, vous pèsent et vous empêchent de vivre votre quotidien.

4, 3, 2... Respirez profondément, 1... très bien, maintenant simplement, vous réunissez l'ensemble de vos croyances, celles qui jusqu'à aujourd'hui, font que vous idéalisez toujours le futur ou potentiellement les relations, les situations et qui jusqu'à aujourd'hui vous ont empêché de prendre plaisir à ce que vous avez déjà, vous qui, peut-être jusqu'à maintenant, êtes sans cesse insatisfait par cette vie.

Respirez profondément et juste imaginez que toutes vos croyances, dans quelques instants, se réunissent sur un grand écran de cinéma. Vous pouvez imaginer que vous êtes en train de regarder, une espèce de film qui retrace toutes vos illusions, toutes vos croyances excessives, toutes vos attentes de la personne aimée, de la situation parfaite et peut être même de votre travail ou d'une vie rêvée qui au bout du compte, ne donne pas de valeur et de saveur à ce que vous avez la chance de vivre aujourd'hui. A cela, sur cet écran, vous allez vous connecter à vos émotions. Quelle émotion cela créé quand vous êtes insatisfait, à toujours rêver davantage d'autres choses, de prendre en compte, que ce que vous vivez là n'est jamais suffisant, pour vous donner du bonheur et du bien-être. Quelle émotion vivez-vous? Est-ce que c'est de la colère, de la tristesse ? Est-ce que peut-être c'est une autre émotion qui s'éveille en vous et en regardant cet écran vivant cette émotion, que sentez-vous dans votre corps? Qu'est-ce que votre corps vit ? Vous savez que vous êtes de plus en plus connecté à vous-même, vous êtes dans une situation qui vous permet de mettre à plat toutes ces croyances, comme toutes ces projections que vous êtes en train de faire sur cet écran, cet énorme écran de cinéma en face de vous.

De plus, vous avez l'impression que toutes ces idéalisations, cette futurisation excessive vous donnent la sensation que c'est bon, juste, comme si vous étiez en train de regarder un film sur un écran de grande définition, de grande qualité mais pour autant, à regarder ce film, vous ne vous rendez même pas compte où vous vous trouvez à cet instant là depuis des mois, peut-être des années, peut-être en train de regarder encore et encore ces films passer, ces illusions arriver et puis disparaître parce qu'à chaque fois que vous essayez de tendre votre main, et bien ces illusions disparaissent. A chaque fois que vous agissez, vous vous rendez compte à quel point parfois, vous êtes loin du fantasme que vous vous êtes fait de votre vie. Alors, là pendant quelques instants, je vais simplement demander à votre esprit de rassembler toutes les pensées que vous avez sur ces illusions, sur ces fantasmes, sur cette non vie, non réalisation et simplement cette possibilité au quotidien d'être insatisfait.

Respirez profondément et projetez tout cela sur cet écran, sur ce magnifique écran, peut-être cet écran de ciné ou un énorme écran de télévision. Vous pouvez voir toutes ces scènes, ces pensées, ces émotions, sur cet écran. Prenez vraiment du temps pour cela et imaginez que vous devenez vous-même un projecteur de toutes ces illusions. Un projecteur qui vous empêche depuis des années d'être complètement heureux de votre quotidien. De vous satisfaire d'un sourire, d'une personne; d'une rencontre, d'un instant, d'un moment, d'une émotion, d'une joie, d'une sensation. Alors, imaginez qu'aujourd'hui vous allez vous permettre de vous rapprocher du plaisir de l'instant. De la satisfaction, de l'ici et maintenant. Pas celle des autres, pas celle que vous imaginez mais simplement ce que vous vivez. Parce que ce que vous vivez et ce que vous allez vivre encore et encore, va vous donner de plus en plus de satisfaction. Vous allez de moins en moins vous diriger vers un fantasme, un rêve, une utopie.

Vous pouvez garder cette envie d'utopie mais vous allez concrètement agir et fonctionner dans cette vie ici et maintenant. Imaginez maintenant que ce grand écran devant vous, que vous pouvez voir, sentir, penser ou juste imaginer, va commencer à se réduire. Imaginez que cet écran de cinéma qui regroupe toute cette pensée, ces sensations, ces perceptions va commencer à se réduire, devenir de plus en plus petit comme si tout était en train de se compacter à la fois à l'intérieur de vous et à la fois dans la projection que vous faites de ce futur, de ces futurs de ces idéaux, qui peut-être vous empêchent simplement aujourd'hui d'avancer, de créer et de vivre. Imaginez simplement que tout ça est en train de se compacter, de se réduire et que de la même façon que vous en tant que projecteur, vous êtes en train de diminuer l'intensité de cette projection, de cette imagination excessive de cette force qui vous pousse toujours à rêver plutôt qu'à agir, à fantasmer plutôt que vivre. Et là, petit à petit, c'est comme si l'écran diminuait, diminuait de plus en plus pour devenir un écran d'ordinateur puis après, un tout petit écran d'ordinateur et après encore, un écran de smartphone, puis un écran de téléphone comme il y a pu y avoir tout au début de la téléphonie mobile. D'ailleurs, de cette High définition, vous commencez à arriver de plus en plus en pixel, puis de cette couleur magnifique, de ces fantasmes, vous en arrivez à du monochrome, peut-être même que du noir et blanc et c'est de plus en plus pixelisé, c'est-à-dire, de moins en moins net. C'est comme si tout ne devenait qu'un vieil écran monochrome où on n'arrive pas à voir d'image dessus, comme les anciens jeux vidéo, comme les anciens ordinateurs où c'est juste des petits carrés et vous vous imaginez simplement que ce que vous fantasmez, ce que vous rêvez depuis des années concrètement, n'a donné que ces petits carrés sur un écran parce que vous avez oublié que c'est dans l'ici et maintenant que vous vivez pleinement et en prenant conscience que vous projetez de moins en moins et que vous êtes de plus en plus présent à cet instant, vous allez juste mettre de côté cet écran.

Respirez profondément pour prendre conscience que vous êtes maintenant, que vous êtes ici et que ce que vous vivez là, a une valeur extraordinaire. Chaque souffle que vous prenez a également une valeur hors du commun. C'est unique, vous le vivez et vous allez prendre de plus en plus conscience de la chance que vous avez à chaque instant. Vous allez de plus en plus vous donner le droit d'être satisfait. Satisfait de ces petites choses, qui misent l'une avec les autres, deviennent votre vie et de grandes choses. Vous laissant moins aller dans ces fantasmes, ces illusions, ces croyances excessives, et vous recentrant vers l'essentiel, vous dans l'instant. Prenez une grande respiration et prenez conscience de votre être maintenant, de votre sensation, simplement d'être pleinement et entièrement satisfait de ces quelques instants et des instants qui viendront encore après, puis après et ainsi de suite en prenant plaisir à cette vie en projetant simplement le possible, le vrai, le juste, le réaliste, vous donnant de plus en plus de positif, de bon, d'agréable et de juste.

Dans quelques instants vous allez revenir dans l'ici et maintenant, plus éveillé à vous-même, plus éveillé à une autre réalité, à une autre chance, à une autre joie, à un autre potentiel.

1, 2, 3... Etirez-vous et simplement prenez conscience de votre corps, de l'espace dans lequel vous êtes, votre espace, votre corps et prenez plaisir à être ici et maintenant, pleinement conscient de vous. Quatre, remplissez-vous maintenant de toute cette énergie de vie pour vivre dans l'ici et maintenant, en projetant juste ce qu'il faut pour avancer avec plaisir dans l'avenir, sans vous perdre dans des idéaux qui vous empêchaient jusqu'à aujourd'hui de vivre pleinement. Prenez plaisir à vivre, maintenant encore et chaque instant qui passe. Et cinq, les yeux ouverts, ici et maintenant.

16/ Routine pour vaincre la Procrastination / Méthode Capsule Temporelle

Cette routine a pour but, d'aider à dépasser sa procrastination.

Prenez une grande inspiration, fermez vos yeux et simplement maintenant, décidez vous-même d'aller vous connecter avec votre ordinateur central, votre programme de base avec qui vous êtes vraiment. Vous allez à mesure de cet audio, vous donner l'autorisation de réorienter vos pensées et vos énergies vers ce qui a de l'importance pour vous. Vers cette mise en action et plus simplement attendre, de reporter à demain. Vous allez être maintenant, complètement connecté à vous pendant ces instants. C'est exactement ce que vous allez réussir à faire dans quelques minutes, quelques heures, à chaque instant important en utilisant une technique toute simple, celle des capsules.

Respirez profondément et prenez conscience de cet ici et maintenant et imaginez simplement un escalier qui va vous emmener vers votre salle des machines, vers là où vous allez naturellement et facilement insérer les informations que vous souhaitez mettre en place pour dépasser votre procrastination et vivre, agir dans l'ici et le maintenant. Je décompte de dix à un et simplement, entre chaque chiffre, prenez le temps pour vous concentrer de plus en plus et vous permettre d'être ouvert à ce que vous souhaitez. C'est-à-dire, dépasser complètement votre procrastination et agir, agir encore dans l'ici et maintenant et vous permettre d'aller vers ce que vous souhaitez en étant concret et actif.

10, 9, 8... Gardez en tête votre objectif. Celui d'agir, d'agir complètement.

7, 6, 5...Répétez-vous, à partir d'aujourd'hui, de cet instant : j'agis de plus en plus. A partir de cet instant, je mets en action ma vie. A partir de cette action, je me permets simplement d'être en phase et d'être satisfait d'agir et d'agir encore.

4, 3... Respirez profondément. 2, 1... Là simplement, imaginez que vous êtes prêt, ouvert à développer une nouvelle technique, cette nouvelle technique qui va dans votre quotidien vous permettre d'être en phase, d'être plus actif, d'être plus que vous et surtout de laisser loin derrière vous, cette image et cette sensation de procrastiner.

Très bien, là maintenant vous allez rentrer dans la technique de la capsule. Cette technique est très simple. A chaque instant, vous allez imaginer que vous pouvez créer des micros cycles de votre journée. En somme, vous allez séparer votre journée en étapes. La première étape sera de sortir du déni. C'est-à-dire, de prendre conscience de ce que vous êtes en train de faire et vivre à un instant T. Vous pouvez vous projeter là où vous avez l'habitude d'être, quand vous êtes le plus procrastinateur possible, et ce que je vais vous demander dans cette projection, c'est juste d'imaginer que vous prenez conscience que là maintenant, je procrastine. Cette prise de conscience est importante. Vous êtes en train de dire à votre cerveau et à votre corps ce que vous êtes en train de faire.
Vous prenez conscience de cette notion là et à partir du moment où vous êtes dans cette conscience là, vous êtes déjà en train d'être actif. Vous êtes déjà en train de réorienter cette notion passive en quelque chose de nouveau et de créatif. Alors à partir de maintenant, vous allez, à chaque fois que vous le souhaitez, prendre conscience de ce que vous faites à l'instant T et une fois que vous avez pris conscience de ce qui se passe, de ce que vous faites et de ce que vous ressentez en vous, par exemple dans cette projection, je procrastine et je me sens coupable de ne pas agir.

Vous êtes déjà en train de mettre en place l'action qui va suivre. D'ailleurs la deuxième étape, est encore plus simple. Vous allez simplement définir ce que vous voulez. Je veux agir et faire telle ou telle chose. Je veux dépasser ceci ou cela. Je veux me sentir de mieux en mieux. Je veux être fier de moi. Vous pouvez mettre ce que vous souhaitez par rapport à l'état que vous venez de constater. Plongez-vous dans cette projection que vous avez de procrastiner, de prendre conscience que vous procrastinez et de vouloir faire ce que vous avez à faire. Peut-être, passer un appel, vous occuper de quelques papiers, d'aller voir quelqu'un, de finir une chose que vous avez commencée. Simplement vous êtes en train, déjà, de programmer, d'orienter, diriger votre esprit vers ce que vous souhaitez. Vous créez une capsule temporelle. Un laps de temps dans lequel vous avez conscience de ce qu'il y avait avant cette capsule et que vous êtes déjà en train de voir ce que vous souhaitez après cette capsule. Maintenant, en programmant cela, à chaque fois vous allez vous rendre compte que c'est de plus en plus simple que vous arrivez à segmenter différents moments de la journée pour dépasser complètement votre procrastination, pour être de plus en plus acteur de votre quotidien.

La troisième étape est encore plus simple. Vous allez décider, factuellement, ce que vous allez faire quelques secondes après. Vous allez simplement vous orienter vers l'action de l'objectif donné. Par exemple, je procrastine et je me sens coupable. Je veux faire mes papiers et appeler telle personne et je vais me lever maintenant et aller prendre mon stylo et mes papiers et commencer à ranger, puis je vais prendre mon téléphone et appeler telle personne. A partir du moment où vous commencez à définir clairement et à commencer cette action, vous êtes déjà en train de dépasser votre procrastination et vous sentez déjà cette énergie qui est en train de se développer, de se diffuser à l'intérieur de vous.

Vous savez que maintenant dans le 'je vais', vous êtes actif. Une fois que vous avez fini de définir ce que je vais faire, vous êtes déjà en train de vous lever. Vous vous imposez facilement naturellement ce que vous souhaitez parce que vous savez que cela va vous permettre pendant dix minutes, un quart d'heure, vingt minutes, une demi-heure, ou plus, d'orienter toute votre énergie, toute votre conscience, tous vos subconscients et tout ce que vous souhaitez, vers l'objectif défini. Ce qui est extraordinaire dans les capsules c'est que vous pouvez très bien après, décider de retourner dans une phase de procrastination pendant dix minutes, un quart d'heure, une demi-heure. Petit à petit, vous allez apprendre à segmenter dans votre journée, les phases où vous êtes fier de procrastiner, parce que vous êtes fier d'avoir agi et dès lors, dépasser cette notion de culpabilité, de malaise ou de travail au dernier moment, en vous permettant d'être acteur de ces séquences de vie. Vous devenez de plus en plus un spécialiste de vos séquences et vous prenez plaisir de prendre dix minutes, un quart d'heure, une demi-heure, une heure ou plus pour mettre en place ce qui a réellement de l'importance pour vous et puis vous donner également le droit de retourner dans des états plus passifs. Dès lors, vous devenez un acteur qui choisit pleinement et complètement son quotidien.

Laissez maintenant ce programme agir. Appuyez sur 'entrer' et simplement vous savez que vous avez ces trois étapes à mettre en place à chaque fois, facilement, tranquillement et vous allez vous rendre compte à quel point cela va vous permettre d'évoluer grâce à vos capsules temporelles. Dans quelques instants vous allez revenir dans l'ici et maintenant et vous allez vous sentir en phase, prêt simplement à prendre conscience de ce que vous êtes en train de vivre, à décider ce que vous voulez, à préciser ce que vous allez faire et à faire naturellement, facilement et complètement. A cinq vous ouvrez les yeux dans l'ici et maintenant.

1, 2, 3... Etirez-vous, prenez conscience de vous, prenez conscience de ce que vous souhaitez, prenez conscience de tout ce que vous allez mettre en place et cette capacité déjà acquise de dépasser votre procrastination. Quatre, respirez profondément, remplissez-vous d'énergie encore plus d'énergie et soyez prêt à l'action et cinq, ici et maintenant, les yeux ouverts.

17/ Routine pour dépasser la procrastination / Méthode Metteur en scène

Cette routine a pour but d'aider les personnes qui procrastinent.

Prenez une grande inspiration et pendant quelques instants, simplement détendez-vous et surtout pensez à cette idée de pouvoir, petit à petit, retourner vers l'action. Dans quelques instants je vais vous demander d'imaginer de descendre dix marches ou peut être de les monter. Vous avez le choix et, dès à présent, vous avez déjà choisi. Dix, neuf, huit, entre chaque marche, simplement dirigez-vous vers cette idée de vous reconnecter à vous. Huit, sept, simplement, facilement et tranquillement, six, cinq, vous allez arriver vers une galerie comme un petit peu, une galerie photo sur votre téléphone, comme si vous étiez en train d'être capable de pouvoir regarder des images ou des films ou des vidéos, faire avant ou arrière, effacer ou remplacer. Quatre, trois, vous pouvez juste vous imaginer dans une salle de contrôle, tout autre chose qui vous permet réellement d'être acteur de ce que vous allez mettre en place à partir de maintenant deux et un.

Respirez profondément et pendant quelques instants je vais vous demander de regarder, d'observer une image de vous et, si vous n'avez pas une image, vous pensez à vous quand vous êtes en train de procrastiner. Quand vous êtes en train de vous dire : je le ferai plus tard ou je n'ai pas l'énergie, simplement, prenez cet instant-là et imaginez-la, pensez-la, figez-la.
Je vais vous demander de vraiment prendre ce temps de figer cette image. Figer, c'est un petit peu cette énergie qu'il peut y avoir à l'intérieur de vous par moment.

Là où vous remettez tout à plus tard, à demain ou à un autre monde. Alors, je vais vous demander simplement de bien regarder cette pensée et cette image et je vais vous demander maintenant de commencer à aller mettre une image qui pourrait suivre. Un petit peu comme si vous étiez en train de jouer à un jeu de carte et que vous posiez une première carte, qui représente votre état de procrastination. Cette image, cette pensée et puis vous allez y mettre une deuxième carte. Cette deuxième carte va peut-être, être vous en train de procrastiner ou peut-être une carte nouvelle qui va vous permettre de vous dire : tiens cette carte, je commence à me lever ou, je commence à prendre un stylo ou, je commence à appeler ou, je commence à agir. Qu'importe comment vous allez utiliser cette deuxième carte, simplement prenez le temps de la poser, soit sur votre téléphone portable, votre ordinateur ou dans une galerie, vous pouvez changer de place ces images, ces pensées. Vous allez simplement poser une nouvelle image, pensée.

Alors, vous allez juste respirer et voir ce qui se passe à l'intérieur de vous. Vous allez poser désormais une troisième image et, comme si vous étiez en train de commencer à faire un collage, vous savez, ces espèces de collages, de montages que vous êtes en train de faire quand vous montez une vidéo. Si ça ne vous est jamais arrivé, ça n'a aucune importance, quand vous vous amusez avec votre téléphone à prendre plusieurs photos et que petit à petit vous voulez les monter ou, faire un collage un peu spécial, pour l'envoyer à vos amis. Mettez d'autres photos. Ces autres photos vont être vous, en train peut-être d'agir. Si ce n'est pas le cas, ça n'a aucune importance.

Respirez profondément et effacez. Effacez la photo ou la pensée qui ne correspond pas à une énergie d'action.

Imaginez simplement que vous allez commencer à poser une carte après l'autre, une pensée après l'autre, une image après l'autre et que, en appuyant sur 'play' maintenant, vous voyez un début d'action, un début de mouvement. Observez maintenant ce que ça créé dans votre corps, vous sur cette première image, sur cette première carte, cette première pensée immobile en train de vivre votre énergie procrastination et puis, tout de suite après, une deuxième carte qui commence à agir, à bouger, à vivre. Et vous commencez à faire comme un petit GIF, comme ces petites vidéos très courtes qui arrivent et qui se répètent. Vous, en train d'être assis, puis vous allez poser les cartes, les différentes séquences, vous en train de vous lever et partir vers l'action et observez dans votre corps ce que ça commence à donner. Si pour l'instant il n'y a pas encore assez d'énergie pour aller vers l'action, vous allez simplement prendre une grande inspiration et vous poser la question maintenant qu'est-ce qu'il faut que je rajoute pour avancer, rouler ?

Alors vous prenez votre première image, cette première image de vous, avec cette sensation de procrastiner et, mettez une deuxième image et, cette fois une image qui peut-être va booster à l'intérieur de vous. Est-ce que c'est une grande inspiration? Est-ce que c'est une sensation agréable ou une musique qui commence à rythmer dans votre pensée ? Est-ce que c'est un mouvement de votre corps où vous allez vous imposer à bouger ? Qu'importe la deuxième image, imaginez simplement que vous êtes dans ces espèces de jeux de sept familles ou, dans ces jeux de cartes avec plein d'images dessus ou, pour les joueurs d'entre vous, un jeu de rôle où vous avez une carte qui vous permet d'être action, puissance et vous allez, simplement, la rajouter au petit film que vous avez déjà commencé à mettre en place et, vous allez à nouveau appuyer sur play pour voir ce qui se passe à l'intérieur de vous.

Ce qui se passe maintenant en vous et, si vous commencez à sentir cette énergie qui est en train de s'éveiller pour vous permettre d'agir, vous allez continuer votre petit film. Si pour l'instant il vous manque encore un peu d'énergie, vous allez revenir sur cette deuxième image. Puis cette troisième. Vous allez peut-être rajouter une deuxième image pleine d'énergie en tout cas une musique, une sensation, une nouvelle pensée, une perception, qui va vous permettre de vous booster, peut-être à l'intérieur de vous. Et la maintenant je commence à agir et ajoutez une troisième image que vous laissez monter et, vous voyez petit à petit votre visage, votre corps se redresser, peut-être troisième ou quatrième image et simplement, respirez complètement et pensez à avoir une nouvelle image pour commencer à débuter une action, prendre un téléphone, se lever, appeler ou tout autre action; pour gérer les papiers, gérer les choses que vous attendez depuis beaucoup de temps.

Vous commencez à devenir capable de monter cette séquence à l'intérieur de vous et, vous êtes capable d'ajouter de nouvelles cartes, de nouvelles séquences, de nouvelles pensées qui vous permettent à partir de maintenant de commencer à aller dans une action. Vous allez commencer à vous rendre compte que vous commencez à procrastiner à partir du moment où vous ne mettez plus de carte. A partir du moment où vous arrêtez de nourrir votre pensée. A partir du moment où vous laissez votre pensée se figer sur une idée, une image, que votre corps petit à petit se ralentit. Vos envies se ralentissent.

Alors à partir de maintenant vous allez prendre une grande respiration et vous dire okay, je m'autorise à être le metteur en scène de mes pensées, de mes images, de mes galeries et tout simplement le metteur en scène de ces différentes séquences, qui vont commencer à devenir de plus en plus actives.

Vous avez une chance d'avoir appris à procrastiner, parce que tout simplement, vous savez que quand vous avez un moment d'angoisse, de malaise ou de mal être, il vous suffira de retourner dans une image figée de ce que vous êtes en train de vivre et, vous allez vous rendre compte que, automatiquement, toute la tension, toute la pression va disparaître. Du moins cette image figée, va vous permettre d'apaiser et de calmer ce qui va vous permettre après, de pouvoir à nouveau recréer une nouvelle séquence. Alors, commencez à prendre ce temps pour recréer ces séquences. Prenez ce temps pour commencer à dire, là, maintenant, vous avez votre image de procrastination et puis cette première image, cette deuxième image, cette troisième image, toutes ces images qui commencent à aller comme une bande dessinée, à commencer à créer un mouvement qui pas simplement rendent les images et vos pensées, pas que des séquences pensées et imagées, mais aussi dans votre corps que vous allez vous sentir de plus en plus énergique, énergétisé, comme si vous étiez prêt à passer à l'action, à aller dans votre projet, à orienter vers ce que vous souhaitez, parce que vous êtes capable, parfaitement capable peut-être plus que beaucoup de personnes, d'aller agir.

Simplement maintenant vous savez comment vous pouvez utiliser à l'intérieur de vous cette extraordinaire ordinateur qui est votre tête, votre cerveau et cette capacité que vous avez à séquencer, construire, à partir de maintenant tout ce que vous souhaitez mettre en place et, pensez bien, à partir d'aujourd'hui, à chaque fois que vous allez sentir la moindre sensation de procrastination, observez l'image que vous êtes en train de créer en vous. Observez ce qui est en train de se figer et commencez à créer vos séquences. Vous êtes capable de créer des séquences qui vous conviennent et qui touchent automatiquement votre esprit, votre corps, vos émotions.

C'est comme si vous étiez en train de construire petit à petit la ligne de votre vie, de votre vie, de vos actions et de la capacité à les mettre en place.

Alors je vais vous demander de faire à nouveau ce test. Posez-vous sur ce qui était la procrastination et, appuyez sur 'play', pour voir la séquence que vous avez créée. Peut-être que là, vous pouvez vous observer en train de vous redresser, de sourire, de sentir cette énergie en vous et, tout simplement, de commencer à vous lever et agir vers votre projet, agir vers votre idée, agir vers cette chose que vous avez laissée en suspens depuis tellement longtemps que là, ça va se faire naturellement et, bien sûr vous pensez qu'à chaque fois vous continuez à créer des séquences, comme si vous posiez des cartes qui allaient, les unes après les autres, et vous savez que vous pouvez toujours revenir pour rajouter une carte, recréer une séquence, revivre cette énergie et cette émotion. Revivre cette sensation, revivre ces pensées, revivre ce tout en vous, pour à partir de maintenant, être de mieux en mieux.

Je vais compter de un à cinq et là, simplement, l'image qui va suivre va être vous, en train d'ouvrir vos yeux et de commencer à être mieux à chaque instant, prêt à agir et à dépasser, à partir de maintenant, toute procrastination. Un, deux, trois, respirez profondément, quatre, cinq, les yeux ouverts ici et maintenant prêt à agir.

18/ Routine pour se débloquer et reprendre le mouvement de sa vie

Cette routine a pour but d'aider les personnes qui se sentent figées, immobiles dans leur quotidien.

Prenez une grande inspiration et pendant quelques instants vous allez simplement fermer vos yeux. Imaginez que vous êtes dans une recherche de mouvement. Gardez ce mot en tête, 'le mouvement'. Peut-être que depuis des jours, des semaines et des mois vous vous sentez frustré, bloqué dans une situation, dans un moment de votre vie ou, peut-être même, dans des compartiments que vous mettez en place. Respirez profondément et simplement gardez ce mot en tête 'mouvement'.

Laissez cette idée de pouvoir créer, petit à petit, de plus en plus de mouvement. Pour certains d'entre vous, il peut y avoir cette idée que, si vous bougez ou vous sortez de l'état dans lequel vous êtes actuellement, vous pourriez être en insécurité. Respirez profondément et simplement, gardez toujours en tête cette idée, du mouvement. Comme si en ne le bougeant pas, en restant là où vous en êtes aujourd'hui, vous êtes stable et en sécurité. Alors, je vais simplement vous demander d'imaginer que cette stabilité aujourd'hui est une illusion. Que le fait de ne pas bouger, de ne pas vous activer, ne vous permet en rien de vous sentir complètement et totalement en phase.

D'ailleurs si vous êtes en train d'écouter cet audio c'est que justement, vous sentez cette envie au plus profond de vous de bouger, d'agir, de mettre en place des actions, de mettre en place vos objectifs, de mettre en place vos envies et vos désirs.

Vous savez que, petit à petit, vous être déjà en train de créer ce mouvement, vous êtes déjà en train de vivre un mouvement dans votre esprit et petit à petit, dans votre corps. Respirez profondément et simplement, imaginez que vous plongez à l'intérieur de vous et que vous vous rendez compte que ce mouvement est présent, il est là, il est prêt à être utilisé pour vous maintenant et dans votre quotidien.

Imaginez simplement que vous êtes en train de penser à agir. C'est un peu comme si vous cherchiez depuis des années à vous sentir en sécurité et que vous aviez appelé cela, la stabilité. Pour autant, ce qu'il vous faut c'est de l'équilibre. Respirez profondément et répétez-vous ces deux mots là : 'équilibre' et simplement ce mot de 'mouvement'. C'est un peu comme si vous commenciez à percevoir au plus profond de vous que, depuis des semaines, des mois ou des années, vous vous trouvez au sol. Comme si vous veniez de tomber d'un vélo. Imaginez simplement que vous êtes, peut-être, sur un tas stable et que vous souhaitez reprendre le chemin, votre chemin, votre route, votre quotidien.

Alors, imaginez simplement qu'il existe un équilibre dans le mouvement. Petit à petit imaginez que vous vous redressez intérieurement, que vous commencez à laisser vivre ce mouvement et que vous remontiez sur ce vélo symbolique de la vie. Il est vrai que si vous ne pédalez pas et que vous n'avez les pieds au sol, vous allez tomber, et que, une fois au sol vous pourriez vous dire que vous êtes dans un état stable. Pour autant, paradoxalement, il n'existe un équilibre qu'à partir du moment où vous allez créer un mouvement.

Ce mouvement peut sembler instable parce qu'il va vous emmener à gauche, à droite, à droite à gauche, en haut en bas, et c'est constamment, sans même vous en rendre compte, que vous arrivez tout de même à avancer.

Que sur ces deux roues, vous restez stable quoi qu'il arrive, tant que vous êtes en train de rouler et, une fois que vous souhaitez vous arrêter, il vous suffit de rester posé sur vos bases, sur vos jambes. Alors maintenant, respirez profondément et prenez cette idée-là. Prenez l'idée qu'à partir d'aujourd'hui vous êtes en train de vous relever du sol et qu'effectivement être au sol, cela semble stable. Cela peut même vous donner l'impression que vous êtes en sécurité, vous ne pouvez plus tomber. Néanmoins vous savez que vous voulez avancer. Vous savez que vous allez avancer et vous savez que vous avez les moyens d'avancer. Alors, imaginez simplement que vous allez reprendre le guidon de votre vie, le guidon de vos actions. Que maintenant, vous respirez profondément avec cette idée en tête de créer du mouvement de la vie, d'avancer, de rouler.

Imaginez simplement que vous êtes en train de monter sur ce vélo et de regarder pendant un instant, dressé sur votre vélo, les pieds à terre, cet espace, ces possibilités, tous ces endroits que vous pouvez aller explorer, visiter, recréer. Vivre en vous des dynamiques nouvelles, des rencontres, de nouvelles perceptions, de nouvelles expériences. Il est possible que parfois, vous ayez du mal à circuler ou parfois même, que vous tombiez. Il est possible également que vos pneus se crèvent. Il faudra mettre sur la chambre à air une rustine. Il est possible que la vie vous fasse, de temps à autres, un peu dérailler. Seulement, vous savez que vous avez votre noble destrier et que vous allez simplement avancer et vous relever, continuer, **rouler**.

Alors, respirez profondément avec ce mot, 'mouvement' et cet autre mot, 'équilibre'. Vous allez créer un mouvement qui, peut-être ne sera pas aussi stable qu'être à terre, mais vous permettra d'être suffisamment en équilibre pour avancer et rouler.

Rouler de plus en plus, être de plus en plus présent à tout ce que vous êtes capable de mettre en place, alors, vous commencez à donner votre premier coup de pédale et à ce moment-là, c'est comme si vous étiez en train de percevoir que vous trouvez votre équilibre, que vous trouvez votre mouvement, votre rythme et que, à rouler, peut-être pour l'instant encore, avec les mains sur le guidon et puis après quelques kilomètres, vous pourrez même le faire sans les mains sur le guidon. Vous savez que vous êtes dans un état stable, que vous avez suffisamment de stabilité dans votre équilibre pour vous permettre de continuer à avancer, grandir, évoluer et vous orienter vers la réalisation de vos idées et de vos objectifs.

Respirez profondément et simplement, imaginez, là où vous vous dirigez. Pensez à un objectif que vous avez en tête. Pensez à une action que vous souhaitez mettre en place dès à présent. Pensez à des petits actes qui vont simplement, petit à petit, se cumuler pour vous permettre de sortir de cet état qui, jusqu'à aujourd'hui, pouvait sembler léthargique. Vous savez que vous retrouvez petit à petit votre équilibre et que, quoi qu'il arrive, vous pourrez recréer du mouvement.

Respirez profondément et accueillez ce mouvement intérieur, cet équilibre qui vous permet dès à présent de sentir que vous allez avancer, vous éveiller, vous relever et vous orienter là où vous souhaitez aller, découvrir et visiter. Respirez profondément et acceptez simplement cette idée, que vous êtes en mouvement et dans un juste équilibre de vie, et que, à chaque instant, vous pouvez accélérer ou ralentir, parfois même, vous arrêter pour observer, regarder et vivre dans ce paysage. Ce paysage de votre vie et mettre en place toutes les rencontres, les actions, les décisions que vous souhaitez dès à présent.

Dans quelques instants, nous allons revenir dans l'ici et maintenant. Je vais compter de un à cinq et à cinq, vous ouvrirez vos yeux plein de force, d'énergie, d'équilibre et de mouvement. Un, deux, trois, respirez profondément. Quatre, étirez-vous et cinq, les yeux ouverts, ici et maintenant.

19/ - Routine pour se Lancer dans ses projets

Cette routine a pour but d'aider les personnes à se lancer dans leurs projets.

Prenez une grande inspiration et pendant quelques minutes simplement connectez-vous à cette énergie à l'intérieur de vous, qui vous fait dire : je veux faire ça, je veux me diriger vers cet élément là, je veux mettre en place ce projet et je sais que je suis capable de le mettre en place, d'agir et de réussir dans ce que je mets aujourd'hui en place.

Respirez profondément et simplement je vais décompter de dix à un et entre chaque chiffre, simplement vous allez vous connecter à vous, vous connecter à cette source à l'intérieur de vous, qui cherche complètement à s'extérioriser, à agir, à complètement agir et à vous permettre de dépasser facilement, naturellement, tout ce qui va être l'idéal pour faire la création. Vous allez effacer petit à petit un idéal pour créer, construire, faire et advenir ce que vous souhaitez aujourd'hui maintenant.

Dix, neuf, huit, respirez profondément, simplement connectez-vous à vous, sept, six, cinq, vous savez qu'à un, vous allez être complètement totalement et parfaitement en phase, complètement lié à cette envie, ce désir, avec ce projet que vous avez clairement en tête. Quatre, trois, deux, respirez profondément et un, simplement maintenant, tellement connecté à vous, que vous allez pendant quelques instants vous projeter vers ce futur qui devient un présent, ce présent qui devient de plus en plus présent à l'intérieur de vous, vous permettant de sentir à quel point vous avez envie, à quel point vous savez que vous allez mettre en place ce projet.

A quel point, cette envie devient un désir puissant, un désir ardent qui va vous permettre d'être motivé et focussé.

Focalisez votre esprit vers ce succès, cette réussite, qu'importe ce que les gens vont dire, qu'importe ce que vous allez lire, qu'importe ce que vous allez entendre, vous allez prendre simplement ce qui est bon, juste et positif pour vous, pour vous permettre d'aller au bout de ce projet.

Alors peut-être que, aujourd'hui, vous imaginez ce projet comme un idéal. Laissez petit à petit cet idéal s'envoler pour créer une réalité, créer votre réalité, créer votre projet, créer votre projet dans cette réalité. Vous avez cette capacité, vous avez cette compétence, vous savez qu'à l'intérieur de vous tout va se mettre en place et, si éventuellement à n'importe quel moment vous avez l'impression qu'il vous manque quelque chose, faites-vous confiance. Vous savez que vous pouvez apprendre, vous pouvez comprendre, vous pouvez développer, vous pouvez vous permettre à partir d'aujourd'hui d'ouvrir de nouveaux processus à l'intérieur de vous, qui va vous permettre d'être bien, d'être mieux et d'être compétent, de réussir et d'aller dans cette action qui, dans votre tête, devient une réalité physique. Respirez profondément et projetez-vous. Projetez-vous dans quelques jours, quelques semaines, quelques mois. Projetez-vous avec cette même envie que vous avez maintenant. Projetez-vous avec cette capacité que vous avez à aboutir dans votre projet. Rien ni personne ne peut vous empêcher d'aller là où vous le souhaitez. Vous savez naturellement que tout se met en place, parce que vous êtes de plus en plus clair dans vos objectifs, vous savez que vous êtes capable d'être précis, avec cette précision vous savez exactement, pas après pas, ce que vous allez faire. Vous connaissez les étapes de votre projet et vous avez confiance parce que vous savez et vous êtes focalisé là où vous souhaitez aller.

Respirez profondément et simplement faites confiance à cette précision qui se développe encore et encore à l'intérieur de vous.

Tout cela se met en place de façon réaliste. Réaliste parce que vous agissez, réaliste parce que tous vos sens sont orientés vers cet objectif et vous le savez que tous vos sens aujourd'hui maintenant, à cet instant, demain et les jours qui vont suivre vont vers cet objectif. Prenez une inspiration et une expiration, ressentez votre corps et tous vos sens, l'ouïe, l'odorat, la vue, le goût et le toucher se diriger vers un objectif, votre objectif, votre projet, votre action, votre concrétisation de ce que vous souhaitez mettre en place. Alors tout devient plus réel, de cet idéal que vous allez effacer pour en faire une réalité, vous vous donnez le droit de vivre pleinement cet aboutissement, ce projet est un chemin, ce chemin devient pour vous exaltant, puissant, parce que c'est ce que vous voulez, c'est ce que vous mettez en place et que vous savez simplement que tout va se mettre naturellement en place pour vous parce que vous travaillez pour, vous avez tout ce potentiel et cette capacité à travailler pour atteindre votre objectif. Respirez simplement et imaginez à quel point ce projet peut s'adapter à votre vie, à quel point vous allez adapter ce projet à votre vie et simplement vous sentir plus en phase. Vous savez que vous allez vous entourer de personnes qui sont comme vous, qui veulent réussir, vous savez que vous pouvez vous faire confiance dans votre feeling, vous pouvez vous faire confiance dans votre projet, vous pouvez vous faire confiance dans votre plan, parce que vous avez des plans, ils sont précis, vous savez qu'ils sont réalisables, parce que vous avez déjà fait ce premier pas, vous avez décidé ce matin de vous lever avec cette idée en tête et cette idée va devenir une réalité. Vous laissez petit à petit aller cet idéal pour donner du concret, du réel. Vous laissez aller petit à petit cet idéal pour créer quelque chose que vous allez vivre, que vous allez construire, que vous allez percevoir et vous vous sentez bien en phase avec cette idée-là.

Respirez profondément et vous savez que vous allez pouvoir percevoir, jour après jour, les pas que vous faites. Prenez bien attention aux pas que vous faites et congratulez-vous de cela. Ayez de la gratitude d'avoir cette envie, ce désir, cette possibilité qui s'éveille et qui vous permet d'aller plus haut, plus loin, plus vite vers ce que vous souhaitez. Vous savez que vous avez cette capacité de travail, de vous dépasser, d'aller encore plus loin. Vous savez que vous pouvez rester focalisé sur votre objectif et que, quoi qu'il arrive, rien absolument rien ne peut vous empêcher d'aller là où vous avez décidé et vous avez votre plan et vous mettez en application les différentes étapes de l'aboutissement de votre objectif.

Respirez profondément, simplement regroupez toute cette possibilité, cette capacité. Ecoutez à l'intérieur de vous cette voix, écoutez cette capacité à voir grand. Vous savez qu'il n'y a pas besoin d'avoir un idéal. Cet idéal, souvent, n'est qu'une idée mais quelque chose qui s'envole, alors que voir grand entraîne automatiquement une action, vous osez voir grand et vous mettez en action, vous osez voir grand et vous mettez en action, vous osez voir grand et vous agissez maintenant. Vous avez confiance, de plus en plus confiance en vous parce que vous savez que vous avez cette capacité.

Respirez et simplement laissez-vous vibrer par les mots qui vous correspondent. Ce sont vos mots, c'est votre esprit, c'est votre projet, votre projet est pour vous possible, pour vous il est possible, parce que vous allez y mettre le temps, le travail et tout ce qu'il faut pour y parvenir. Alors peut être que vous allez entendre des voix dissonantes qui vont dire et exprimer différentes idées. Qu'importe, faites-vous confiance, ne prenez simplement que ce qui peut vous permettre d'évoluer, d'avancer, de faire un nouveau pas et d'améliorer ce que vous êtes en train de mettre en place.

Faites-vous confiance, faites confiance à votre stratégie parce que vous savez que vous êtes apte à corriger cette stratégie, tout en gardant toujours, toujours votre idée en tête. Vous êtes focaliser vers votre objectif et vous allez atteindre votre objectif. Respirez profondément et ressentez, percevez, projetez-vous. Vous avez acquis une expérience dans les réussites vous savez que vous pouvez aller encore plus loin dans les échecs, vous avez appris à vous relever, et vous le savez, que dans n'importe quel projet, parfois, vous pouvez chuter et ce qui est beau, c'est que vous savez que vous allez vous relever, parce que c'est votre projet, parce que c'est ce que vous voulez, parce que vous savez que vous allez y arriver.

Respirez, prenez cet instant, prenez ce moment autorisez-vous le succès. Dites-vous pendant quelques instants, je m'autorise le succès de mon projet. Je m'autorise à réussir mon projet. Je réussis mon projet. Respirez et simplement ressentez à l'intérieur de vous ce que cela construit, créé, chaque jour, chaque matin vous avez en tête votre objectif, chaque jour, chaque matin vous vous levez pour cet objectif, chaque jour, chaque matin, vous travaillez pour réussir, vous ne travaillez pas pour essayer, vous travaillez pour votre succès. Vous travaillez pour réussir. Vous réussissez, vous avez un état d'esprit qui est le succès et la réussite. Tout ce qui va arriver à partir de maintenant, c'est vous qui le construisez, c'est vous qui le créez, c'est vous qui avez décidé d'arriver au bout de ce projet dans le succès.

Dans quelques instants, nous allons revenir dans l'ici et maintenant et simplement j'aimerais que vous acceptiez cette idée, ces idées, votre idée, votre projet. Il vous appartient. Tout cela vous appartient et vous allez pouvoir encore le développer, le diffuser à l'intérieur de toutes vos cellules, de vos idées et de vos pensées parce que vous êtes focalisé là où vous souhaitez aller.

A cinq vous ouvrirez les yeux plein de force, plein d'énergie, prêt à aller et réussir ce que vous avez comme projet. Un, deux, trois, respirez complètement, quatre étirez-vous et cinq les yeux ouverts, ici et maintenant.

20/ Routine pour changer son attitude vis à vis de l'argent pour l'attirer / Méthode du réveil.

Cette routine a pour but de changer son rapport à l'argent.

Prenez une grande inspiration et simplement fermez vos yeux. A partir de maintenant vous allez faire comme si, tout ce qui va être dit devient réalité. Vous allez simplement jouer le jeu pour laisser les possibles s'installer à l'intérieur de vous. Alors simplement vous allez prendre quelques instants pour imaginer que vous êtes en train, simplement, de vous éveiller à une nouvelle perception des choses. Vous pouvez imaginer le matin quand vous vous levez, quand vous vous réveillez, pour certains d'entre vous, le réveil se fait vite, pour d'autres le réveil se fait moins vite, en tout cas, on ne sait jamais en avance ce que la journée va nous donner comme clé, comme expérience et, simplement, vous allez imaginer que vous allez aujourd'hui, à cet instant, dans ces moments, changer une chose, qui, jusqu'à présent, vous pèse, vous bloque, vous limite même. Changer la perception que vous pouvez avoir de l'argent.

L'argent a peut-être pour vous une image plutôt négative, où les gens riches sont de mauvaises personnes, c'est mal d'avoir de l'argent ou tout autre idée ou pensée, voire, des croyances limitantes. Or, aujourd'hui vous allez simplement avoir le droit au moment de cet éveil, de voir, percevoir, comprendre et accepter que l'argent est simplement un outil. Vous allez simplement penser à cette notion-la. J'accepte facilement de gagner de l'argent, d'avoir de l'argent, d'être riche même. J'accepte facilement que, peut-être, les autres me regardent différemment.

Peut-être même, je dois accepter que, certains peuvent me jalouser, ou, me jalouseront. J'accepte que l'argent n'est pas sale. L'argent peut être très propre, simplement tout dépend de la façon dont je perçois cet argent.

Alors, aujourd'hui vous allez simplement vous éveiller un peu plus qu'hier, un peu plus que le jour d'avant encore et un peu moins que demain. A chaque jour, à chaque lever, à chaque éveil, ça va être comme une possibilité de ré-accepter l'abondance de l'argent. Qu'importe comment vient cet argent, vous savez que pour vous, dans vos demandes, dans votre désir, il viendra de manière juste, bonne, positive pour vous et votre entourage. Simplement, vous pouvez l'imaginer un petit peu comme à ce réveil la, à moitié endormi, vous pouvez rêver ou plutôt imaginer que dans les jours, les semaines et les mois, peut-être les années à venir, l'argent ne sera plus un problème. Comme si vous alliez trouver un poste qui vous convient, que vous alliez gagner de l'argent, que vous alliez avoir de l'argent peu importe comment la vie vous l'emmène, à partir du moment où c'est juste et positif pour vous et votre entourage. Simplement, à la place de voir l'argent comme quelque chose de négatif, de néfaste, qui peut pourrir des gens, vous allez simplement l'accepter comme un outil, comme un paramètre de votre vie, comme un élément qui n'a pas d'autre valeur que celle que vous lui mettez et sans chercher à davantage à contrôler l'argent, vous allez simplement penser à l'intérieur de vous que vous attirez l'argent. Que vous attirez peut-être, un nouvel emploi, un investissement, peut-être une somme d'argent, peu importe la manière dont l'argent peut arriver. Simplement, acceptez la possibilité qu'il arrive. Ce qui est intéressant, c'est de vous dire qu'il n'y a pas de limites dans cette perception. Il y a simplement vous et vous seul, qui laissez le champ des possibles.

Enlevez de votre tête, maintenant, que l'argent n'est pas pour vous ou, que vous ne serez jamais riche. Toutes ces phrases qui ont pu être répétées et répétées encore, que vous vous êtes certainement répétées souvent, très souvent. Certains diront que c'est du réalisme, c'est la réalité, c'est la vie. Simplement, c'est une réalité, c'est une finalité, pourtant, à partir de maintenant vous vous éveillez à cette notion, que l'argent n'est qu'un outil, n'est qu'un moyen et qu'au bout du compte, vous avez en tête des objectifs, des objectifs clairs, simples, qui vous permettent d'accepter l'argent comme une transition et vous permettez à cette transition, à l'intérieur de vous, de vous éveiller, de s'éveiller, d'éveiller petit à petit votre capacité à attirer, recevoir et accueillir l'argent. Attirer, recevoir et accueillir, attirer recevoir et accueillir.

Prenez quelques instants pour imaginer que vous attirez de l'argent. Imaginez simplement que vous avez beaucoup plus de liquidité avec vous, que vous êtes de plus en plus serein sur des fins de mois, serein pour, peut-être vous acheter des choses que vous désirez, peut-être même, pour voyager ou découvrir le monde ou investir. En tout cas, vous êtes serein d'attirer l'argent. D'accueillir cet argent. Imaginez que cet argent est là, comment allez-vous voir, dans un premier temps, il y a de fortes chances que vous soyez content mais comment allez-vous vivre du fait d'avoir de l'argent. Comment aujourd'hui, vous vous préparez pour accueillir cet argent.

Est-ce que vous regardez les gens, qui aujourd'hui ont de l'argent, avec jalousie ? Avec mépris ? Peut-être avec d'autres émotions négatives. A partir de maintenant, à partir d'aujourd'hui, vous allez simplement les regarder en vous projetant, en vous imaginant que vous, vous allez être comme eux.

Alors s'il y a des points de caractères qui vous dérangent, que vous les trouvez méprisants ou hautains, vous allez les retirer, simplement vous allez accepter, à l'intérieur de vous, que vous pouvez également avoir vos valeurs justes, bonnes et positives pour vous et pour les gens que vous aimez et, en même temps de l'argent, sans maintenant garder en tête cette idée, que parfois l'argent est pourri. Non, pour vous cet argent est un outil, juste un outil. Vous ne pouvez pas dire qu'une paire de ciseaux, est plus pourrie qu'une autre. Vous ne pouvez pas dire que ce que vous mettez en place comme outil est pourri. Parfois, vous allez simplement trop vous focaliser sur cet argent comme finalité.

A partir de maintenant, vous laissez l'argent comme une transition, comme un élément qui est là, qui va et qui vient et, vous laissez cette liberté d'aller et venir simplement, comme dans cet éveil, ce réveil que vous êtes en train de faire, et que vous ferez chaque matin en accueillant, possiblement, l'argent, l'abondance d'argent qui va, petit à petit, se développer, se réveiller, se répandre dans votre vie. Prenez juste quelques instants pour l'accepter. Dites-vous simplement que c'est possible, c'est possible que j'ai de l'argent. C'est possible que j'en ai de plus en plus, c'est possible que je sois riche, c'est possible que je vive bien avec beaucoup d'argent. C'est possible de me sentir à l'aise avec cet argent. C'est possible de vous sentir à l'aise par rapport aux regards des autres avec votre argent. C'est possible d'être fier d'avoir de l'argent, c'est possible de l'utiliser comme un élément de transition, jamais une finalité, juste une transition, pour votre bonheur, votre joie et celle des autres personnes que vous aimez.

 Alors simplement imaginez-vous d'ici quelques mois avec de l'argent.

Complètement serein, en accueillant complètement que ça vienne et ça aille et que simplement comme un mouvement, comme un éveil, comme un réveil, vous pouvez sortir de votre sommeil comme y retourner.

L'argent peut y rentrer comme il peut partir, pour revenir à nouveau, parce que, constamment si vous laissez cette porte ouverte, cette possibilité, cette capacité, vous savez que tout est possible. Vous savez qu'à partir de maintenant, vous vous laissez le droit de prendre plaisir à avoir de l'argent, à dépenser cet argent et le prendre comme une transition mais simplement avec cette conviction que c'est un outil, c'est un objet, c'est une transition et je peux l'utiliser et le laisser aller pour qu'il me revienne de plus en plus. L'argent n'a pas de couleur, c'est juste un outil.

Prenez une grande inspiration et à chaque instant, à chaque fois que vous tiendrez votre carte bleue, que vous tiendrez du liquide, que vous tiendrez un chèque ou même que irez sur votre compte sur internet, l'argent deviendra simplement un outil de transition auquel, à chaque fois que vous allez l'utiliser, vous vous répéterez plusieurs fois dans votre tête, cet argent me reviendra multiplier par trois, cet argent me reviendra multiplier par trois, cet argent me reviendra multiplier par trois. Chaque jour vous pourrez vous exercer à accueillir, observer, regarder l'abondance avec sérénité encore et encore.

Dans quelques instants nous allons revenir dans l'ici et maintenant. Je vais compter de un à cinq et à cinq, vous ouvrirez les yeux plein de force et d'énergie prêt à vous réveiller à l'accueil de l'abondance. Un, deux, trois, commencez à vous étirez, quatre, cinq, les yeux ouverts ici et maintenant. Ouvert et éveillé à l'accueil de l'abondance de l'argent, l'abondance de cet outil pour atteindre vos objectifs.

Conclusion

Ce premier tome de routines a pour objectif de vous donner des idées, des orientations. Vous avez appris dans vos formations de nombreuses techniques et vous savez qu'elles ont été éprouvées. Soyez confiant dans les basiques, je le répète régulièrement en formation et dans mes vidéos quotidiennes. Nous sommes des hypnotistes donc la transe est l'outil que nous pouvons sans cesse utilisé. La seconde chose, c'est la suggestion, qu'importe qu'elles soient directes ou indirectes, si vous avez permis à votre partenaire de vivre sa transe et d'être correctement focalisé sur votre voix. Gardez confiance en votre partenaire. Il est dans une orientation avec vous et c'est en équipe que vous avancez dans sa quête du bien-être. De plus, ne pensez pas à la session unique. Même si les routines peuvent sembler à usage unique, travaillez sur les points clefs et n'hésitez pas à demander à votre partenaires ses retours durant la session.

Be One
Pank (5 Avril 2018, Le Chesnay)

Qui est HnO Hypnose ?

HnO Hypnose est une association de pratiquants et de praticiens en Hypnose à tendance Elmanienne, Hypnosophie, Hypnose Fusion et Thérapies Durables.

Notre but est de rechercher, développer, pratiquer et diffuser sur ces sujets.
 Pour ce faire, nous utilisons plusieurs leviers : des formations, des cabinets ouverts, de l'Hypnose Urbaine, des livres, des audios, des live Facebook, des Podcasts...

Nous organisons des formations en Hypnose Classique Curative, Hypnosophie et Psycho-Pratique Intégrative ainsi que des ateliers en thérapie durable.
 L'Hypnosophie est une discipline de synthèse et intégrative. L'hypnose est un vaste monde avec des écoles, des styles et des tendances.

Plus qu'un style, nous souhaitons intégrer, sur les bases communes de l'hypnose, une ouverture globale.
Nous organisons des cabinets ouverts, dans le but de faire découvrir l'aspect curatif au plus grand nombre.
Toutes les semaines nous organisons des sorties Hypnose Urbaine ou des Hypno-papotages.

Nous y invitons des praticiens mais aussi des amateurs.
Le but étant de faire connaître, dans un autre contexte que le soin, ce qu'est l'Hypnose.
Cette expérience humaine est extraordinaire. Nous pouvons dissiper les à priori et faire vivre des expériences agréables aux passants.

Vous pouvez trouver plus d'informations sur ce que nous mettons en place sur : www.hno-hypnose.com

Nous avons mis en place un site de Mp3 d'Hypnose pour faire vivre des micros séances. Vous trouverez des informations sur : www.hno-mp3-hypnose.com

Si vous souhaitez nous rencontrer, échanger, partager, n'hésitez pas à nous contacter :

Mail : hype.ose@gmail.com

YouTube / Twitter / Facebook : Hype-N-Ose

Formations HnO Hypnose

Vous pouvez retrouver de nombreuses formations GRATUITES Online :

Apprendre l'Hypnose et les Concepts de Base :
https://apprendre-hypnose.org/

Apprendre la Programmation Neuro-Linguistique :
http://apprendre-la-pnl.fr/

Apprendre l'Auto Hypnose :
http://www.apprendre-auto-hypnose.fr/

Se Former en Hypnose Spirituelle :
https://formation-hypnose-spirituelle.co/

Apprendre le Magnétisme :
http://www.apprendre-le-magnetisme.fr/

Vous pouvez également retrouver quotidiennement des vidéos sur l'Hypnose/Hypnosophie, le coaching et les psycho-pratiques sur :
https://laboratoire-hypnose.com/

Et apprendre à gérer vos douleurs :
http://hypnose-douleur.jimdo.com/

Vous retrouverez également de nombreuses formations présentielles :

Formation en PsychoPratique Intégrative (PPI) et Hypnosophie :
https://goo.gl/kjwE64

Formation en Hypnose H-Ultra (Hypnose Profonde) :
https://goo.gl/MMUlWB

Formation en Hypnose Panko-Elmanienne :
https://goo.gl/crSyj7

Formation en Hyperempiria :
https://goo.gl/c3xful

Formation en Hypnose Urbaine :
https://goo.gl/SGyVVJ

Toutes les informations sont disponibles sur www.hno-hypnose.com